叢書・ウニベルシタス　692

# 68年–86年　個人の道程

リュック・フェリー／アラン・ルノー著
小野　潮 訳

法政大学出版局

Luc Ferry & Alain Renaut
68-86 ITINÉRAIRES DE L'INDIVIDU



This is book is published in Japan by arrangement with
les Editions Gallimard, Paris,
through le Bureau des Copyrights Français, Tokyo.

コルネリュウス・カストリアディスに捧ぐ

目次

# いくつかの疑問

八六年一二月。フランスは、いささか驚きながら、その歴史において最大規模の学生・高校生の抗議行動に立ち会う（一）。規模が大きいことは大きいが、壮大なものではないと言うひともいるかもしれない。八六年の抗議行動には、社会を救済しようとする、あるいはユートピアを生み出そうとする契機がまったく欠けており、彼らの考えでは、こうした契機なしには、その名にふさわしいいかなる社会運動も〈歴史〉の中には入りえず、けっきょく非常に奇妙な勝利、間尺に合わない勝利で終わってしまう。ドゥヴァケ法案（その欠点がどんなものであるにせよ）が引っ込められたところで（二）、今日〈大学〉が苦しんでいる問題の何ひとつとして解決されるわけではない。高等教育課程進学の民主化、同じ年齢の生徒のあいだの事実上の不平等、学業と職業生活の関係、パリと地方の格差、これらの問題のどれひとつとして解決へ向けての努力がなされ始めたわけではなく、現状維持は、一時情勢を静めるにしても、いまや右翼から左翼まで全員一致で非難している状況をなんら変化させない。だが本質はおそらくそこにはない。一九八六年一一月—一二月の学生の運動は考察に値する。その動員の数は大変なものであり、もし現在を理解しようとし、そこに愚かさの発露以上のものを見ようとするならば、その数だけでも、われわれを無関心から引き出さずにはおかないが、それ以上のものがここにはあるのだ。

まず、何人かの滑稽なひとびとを除けば、誰ひとりとして、今回の事件を予測していたなどとは言わなかったことは明らかである。この驚きという効果は、一九六八年の爆発を特徴づけたそれを思い出させずにはいない。だがその類似は一見してそう見えるより不確かなものかもしれない。というのも、いまになって振り返ってみれば、本当に逆説的なのは、一九八六年に、こうした抗議運動をごくありきたりの社会学的諸図式が予測しえなかったことだからである。〈五月〉が勃発した、経済的には繁栄していた時期とは異なり、現在の景気後退と危機の状況はそれ自体爆発を引き起こしかねないものであった。こうした予測の欠如は、社会に生きる個々人と、政治に携わるひとびとのあいだに生じていた断絶がいかに大きいものかということをも示している。社会に生きる個々人にとって、政治家の演説にも行動にも、自分たちの反映を認めることが明らかに困難になり、他方政治家の側は何よりも政治家世界内部の問題（とくに国家の中枢部における保守革新の「同居［コアビタシオン］」（三）が引き起こす諸問題）に忙殺され、国民一般の期待、要求よりも、政治的駆け引きの紆余曲折に心を奪われている。政治生活のプロフェッショナルたち、また政治評論家たちにとっての悦楽とも言うべき、まったく政治家世界内部向けの「気のきいた言い回し」があれほど使われたことも、こうした状況が煮詰まってきていたことを示している。また保守陣営が、最近の選挙の勝利の勢いに乗って、イデオロギーの論理に身を任せたその仕方も同じ状況を示している——テレビ局、いくつかの大企業を民営化したことに大衆がなんら反応を示さなかったのを見て、「新自由主義」の原則がそのまま受け入れられたと確信した保守陣営は、同じ論理を大学の自律化《オトノミザシオン》の問題にまで広げても、さした困難は生じないだろうと思いこんだ。（四）いまになってみれば、それが大失敗だったことはみなが認めている。前者の措置は個人をその私生活において侵すものではなかった。ドゥヴァケ法案は、失業率の高い状況のもとでは、前もって「勝者」と「敗者」を指定する試みととらえられざるをえなかったのである。

しかし、左翼陣営も、そこに喜ぶべきいかなる理由をも見いだすわけにはいかなかった。国営化政策推進の過程で一九八四年に私立学校の問題を再検討しようとして、左翼陣営は、今回の保守陣営と同様に盲目であることを明らかにしてしまったばかりでなく、[五] 一九八六年においてすらも、彼らはドゥヴァケ法案に対する抗議を前にして、運動を自分の側に引きつけるために、まったくの便乗としか形容しようのない行動をとらざるをえなかったのである。この引きつけに左翼はある程度は成功した。だが、運動の、まったく相対的なものでしかない左翼的な色合いに、一九八一年に支配的だったまったく社会主義的な諸価値[六]への復帰の兆しを見ようとするなら、彼らはひどく誤っていることになるだろう。この点に関しては、学生の運動が、その宣言の中で、おおっぴらに、またいささか素朴に、その非政治主義をうたい上げ、自分たちの要求が右翼／左翼の分断の用語に翻訳されることを拒否していたことが示唆的である。[1]

ほかにも考えてみるべきことがある。すなわち社会騒乱がまたもや学校問題、大学問題を主題として起こったということである。一九六八年以来、こう同じ事態が繰り返されているということにはやはり無関心ではいられない。この事態は、単に若者がより無責任になったとか、あるいはこれこれの党派が若者をより多く動員できるようになったというようなことに帰することはできない。若さがそれ自体で美徳であるはずはないが、また若さはそれ自体として大きな欠点であるわけでもない。現実には、社会的葛藤がこのように、教育制度の問題に偏る理由は深いものである。(2) 個人によってあるいは抑圧的なものと判断され、あるいは不正なものと判断された機構《システム》に対して個人が起こす突然の反抗ということした運動が、教育問題に集中する傾向があるとすれば、それは、学校・大学に通う期間がどんどん長くなってくるような社会においては、学校、〈大学〉が、個人にとって現実のまさしく集団的性格との関係を最初に体験する場となっているからである。大人への移行がおこなわれるこの経験が、学校教育の期間全体が延びるにつれて、その重要性(個人にとって、また社会にとって)を絶えず増してきたという事実を考慮に入れるなら、集団的なものとの最初の関係が結ばれる場所が、個人を民主的な仕方で組み入れることをめざすあらゆる社会にとっての難所となったことはたやすく理解されるだろう。民主的であるためには、このような組み入れは、個人が、彼にとって普遍的なもの（あるいは集団的なもの）を体現する機構《システム》の内に自己を認めることができるということを前提とするからには、とくにこの難所において、個人と国家のあいだのコミュニケーションが不器用さによって、あるいは克服不可能な先験的原理によってよって阻害されるようであってはならない。この点からしても、法案が、それが直接に関係するひとびとの大部分によって忌避されたという事態は注目と分析に値する。(3) 民主主義社会においてますます決定的になってきている教育制度の役割と、これらの教育制度がその役割を果たすために不可欠の条件の双方について考えてみなければならない。

最後に、少なくとも一九六八年以来の、個人の機構《システム》に対する、抑圧的あるいは不当なものと見なされた機構に対する反抗の繰り返し自体によって提起される問題がある。これらの反抗は、それが拒否している機構を破壊することもできず（反抗が繰り返されねばならぬということ自体その証明となる）、機構を強化することもできず（機構はあらたな反抗の爆発からまったく守られていない）、また真に新しい制度の中に位置づけられるわけでもない。これは単なる歴史の足踏みなのだろうか。逆に個人のこの反抗の継起を通してひとつの道程のようなものをさぐりだすことができないだろうか。そのためにはその道程の方向をはっきりとさせ、その主要な経過点を明確にすることができるようにならなければならないだろう。

　実際、一九八六年一二月の運動についてなされた分析は、みなその運動を一九六八年〈五月〉との関係で位置づける必要を感じているようだ。それはあるいは両者の類似性を強調するためであり、あるいはその両者の距離を明らかにするためである。〈五月〉とのこの関係は、運動の最中にも、ユーモアの形で存在していた。一二月四日のデモの際配られたビラはこう宣言していた。「六八年の先輩たちは、彼らの若き友人たちの正義の闘いを支持する」。この「先輩たち」の要求は「一〇〇フランの最低賃金」とA・ゲスマール[七]の即時釈放であった。だがこの領域をいささかの未練とともに離れ、分析の領域に戻ってみると、少なくとも見かけの上では、一九八六年一二月は、これを六八年〈五月〉と関係づけようとするあらゆる試みを拒んでいることを認めねばならない。当事者たちの言うことに耳を傾けてみよう。『ル・ヌーヴェル・オプセルバトゥール』誌が、運動の最初の数週間におけるメディア向けのリーダーであったイザベル・トマに、なぜ学生たちはドゥヴァケ法案をけしからぬものだと考えるのかたずねたとき、彼女はその法案が実施されれば、「現在よりもさらに不当な機構《システム》」が出現するので「われわれはこの法案に反対するために、そして勝利するために闘う」と答え、さらに次のように付け加えるべきだと考えた。「でも六八年のような仕方ではなく」。ジャーナリストは驚いてたずねた。「それじゃあ、六八年の彼らは何のために闘っていたんだろう」。この問いに対する答えは、八六年の運動の〈五月〉の春に対する関係をみごとに表現している。「彼ら自身何にもわかっていなかったんだわ。それで彼らは負けたのよ。われわれは勝利したい。六八年にも良いところがあるわ。彼らはわれわれに何をしてはいけないかを示してくれた。六八年の逆をやればいいのよ。そうすれば間違うことはないわ」(4)。完膚無き断罪であり、これがあるひとびとに苦い思いをさせたことはたやすく理解できる。ユーモアで怒りを和らげながら、A・コント＝スポンヴィルが、ある記事の中で、運動参加者たちが高々と掲げる非政治主義を前にしての驚きについて語る時、彼はまさにこうした苦い思いを味わっているのである。「わ、れ、わ、れ、は、政、治、を、望、ま、な、い。われわれは政治を望まない。僕がかつて聞いたうちでもっとも愚かな、もっとも悲しい、けっきょくのところもっとも不安にさせるスローガンだ。

学生たちにその責任がないことは僕もよく知っている。マルシェ（八）とミッテランの種の蒔き方があまりに下手くそなので、こんなことになったんだ。だがなんてことだろう。そんなことをわれわれに言うなんて。このわれわれに。しかも大臣に抗議しながら。行っちまえ。チビのバカども（5）」。六八年と八六年のもっともはっきりとした違いはまさにこの点にある。一九六八年には、既成政党や労働組合は、運動によって確かに追い越されてしまった。だがそれは抗議によってその原則自体が攻撃を受けていた社会に、政党・組合があまりにも完全に組みこまれてしまっているということが問題にされたのだ。そして既成の政治的言説の不完全さを補うために、〈五月〉は、別の場所に、左翼過激派の思潮のさまざまなヴァリアントに、イデオロギーの魂を補完すべきものを探しに出かけたのである。一九八六年における政党に対する批判は、まったく別の性質のものである。それは言ってみれば六八年のように「メタ政治的」なのではなく、政党の政治に対して、「インフラ政治的」である。その意味は、政党の言説は、実際的な仕方で時代の真の課題（社会の近代化、失業の解消等）のみに取り組まねばならぬ場合においてすら、いまやあまりにイデオロギーに囚われているように見えるということである。ここからすべての対照が生じる。「六八年

〈五月〉はけっきょくイデオロギーに行き着いてしまった。われわれは単に一個の法律を吹き飛ばそうと望んでいるのだ」(6)。つまりイデオロギーは外へ。またそれとともに〈五月〉が持っていたユートピアを求める契機もすべからく外へというわけだ(7)。

かくも率直に誇示された違いをみれば、六八年と八六年の根底的な非連続性を結論せねばならないだろうか。M・ゴシェやG・リポヴェツキが示唆したように、より微妙な両者の関係を考えねばならないのではなかろうか(8)。問題は確かに複雑である。一九六八年の運動についてあらかじめつくりあげられた諸解釈のどれに従うかによって、八六年と〈五月〉の関係はそれほど違って見えてくるのである。ここで素朴な見方にくみするべきではない。客観性をめざすとは言っても、歴史家の仕事は(言わんやまして現在時の歴史家たらんとする時には)、歴史には解釈によって成立するという側面があるということをないがしろにするようなふりをしてはならない。

したがって六八年〈五月〉との関係をはっきりさせることが不可欠となる。それには少なくとも三つの点を考えねばならない。

(一) われわれが『68年の思想』で展開したもの(9)を含む最近のいくつかの分析は、〈五月〉を個人主義の運動と解釈した。この解釈は多くの反対を呼び起こした。実際どのようにして、あらゆる外見に抗して、公共的そして集団的価値があれほど豊富に注ぎ込まれた運動を、ナルシス的個人主義の一源泉、八〇年代初頭をはっきりと特徴づけた私的領域の諸価値への後退の一源泉とすることなどできるのだろうか。何ゆえに八〇年代をもって〈五月〉の「真実」とし、別の多くのひとびとがするように、そこに〈五月〉のもっともはっきりとした失敗を見ようとはしないのか。(10)

(二) 八〇年代は〈五月〉の真実を構成するものなのか、それともその失敗をもっとも確かに示すものなのかを知るという問題を脇に置いたと仮定しても、個人主義的解釈は、いまや、非常に強力な学生運動、しかも連帯の諸価値を重視する学生運動の再出現という事態と調和しないように見える。ここでもまたデモの一参加者の言葉に耳を傾けてみよう――これと同じ内容が非常に数多くの記事の中に再録されていた。「みなが街路に出ていったのは、それまでひとびとが僕らのことを、実際とはまったく違った人間と勘違いしていたからだ。生まれてこの方僕はいつも聞かされていたものだ。〈若い連中は個人主義者だ。連中には心がない。連中の望みは成功することだけさ〉。確かに僕は成功したい。でも僕には心もある。他のひとのことだって考えるんだ。自分のことしか考えないわけじゃない。でも自分みたいなのは特別で、他の連中は言われているように個人主義者で、破廉恥で、右翼で、と思っていた。デモに行ったのも、僕の他にも僕と同じようなやつがいるかどうか見るためだった。みなが街路には自分しかいないかどうか見るために降りてきた。そこで、みなが全員街路に出てきていることがわかったんだ。いままで自分たち自身について、他人が言うことにだまされていたことがわかったのさ。これが起きたことさ」[11]。これの意見に自分を近づけようとして、D・コーン＝ベンディット[九]は一一月二七日のデモに立会いながら次のように表明する。「この運動は、若者たちは受動的だと確信をもって言っていたすべてのひとびとの言葉をくつがえす」[12]。これ以上強調する必要はまったくない。それほどに、この点においては運動についての解説は一致している[13]。C・カストリアディスですら、非政治主義の要求は曖昧だとはしながらも、「ここ数年のあいだ、フランスのみならずヨーロッパ社会を特徴づけていた受動性と二週間できっぱり手を切った」学生たちがその証拠を示した「すばらしい創造性」に敬意を表している[14]。ブルデューはと言えば、彼には文句なく扇動者の王の冠を授けることができる。「八六年において〈六八年の諸思想〉の終焉を確認していた」ひとびと（いったいこれは誰のことだろう？）に反対しつつ、ブルデューは「イデオロギーの終焉というイデオロギーをくつがえし、学校の中に心のレストラン[一〇]の哲学を持ちこもうと望み［中略］、かつてはパリの有名高校に置かれているグラン・ゼコル入学試験準備クラス[一一]に限られていた競争の論理（そしてそれが強化するすさまじい個人主義）が、今日まさにそうなりつつあるように、地方のもっとも小さい中学の第六学年[一二]のクラスにまで広がっていくのを避けようと望む、生き生きとした、知的で愉快な、そして非常にまじめな運動」に敬意を表している。[15]要するに、六八年〈五月〉を個人主義的に解釈することが不当であるというばかりでなく、八〇年代をナルシス的個人主義という視点から記述することも、この八六年の年末に、学生の運動によって幸いにも否認されたというわけだ。ブルデューが詳論するところによれば、この運動は「つかの間に消えてしまうものではまったくなく」、曖昧さのかけらもなく「企業」と「競争」というアメリカ＝日本的理想を告発して、「連帯と寛容の価値を称揚する」すべを知っている。「六八年の諸思想」を奇跡的な仕方で、また思いがけずも救い出してくれるように見えるものを前にしての、この他人をも誘いこもうとせんばかりの喜びは、しかしあらゆる省察を禁じるようなことがあってはならない。一九八六年一一月―一二月の運動はそれ自体、八〇年代をナルシス的個人主義の時代とする分析が、ものごとのほんの表面で満足していたにすぎないことを、突然に暴露するものだったのだろうか。それともその運動は、個人主義という同じ論理の中に刻み込まれた新たな瞬間なのだろうか。

(三)　三番目の設問は前のふたつの設問から直接に帰結するものである。もし六八年〈五月〉、八〇年代初め、そして八六年の運動が、個人主義という視点から理解されうるということを認めるにせよ(それはだんだん難しいことのように思える)、それはけっきょく言葉の上のことにすぎず、実際には、最終的に個人主義という概念自体が単一の意味を失ってしまうような力技をもってしか、そのような見方は保持できないのではないかという問いである。言葉を換えれば、このような見方は、歴史の非均質性をないがしろにするのみならず、解釈のために動員された概念の一貫性をも犠牲にしてなされた力技にすぎないのではないだろうか。だとすればこのような作業にはほとんど利益はないだろう。なぜならもはやただ単なる名前にすぎないものを準拠枠としてすべてを把握しようと望んでも、真の意味では何も明らかにすることはできないだろうし、せいぜいのところ説明原理として用いたものには低い正当性しかないことが明白になるだけだろうからである。したがって、もしこのような原理が採用し続けられ、一時しのぎ以上のものとして機能しなければならないとすれば、そのためには六八年〈五月〉、八〇年代初め、そして八六年一二月というかくも互いに異なった諸時期のあいだの非均質性が、この原理の一種の試金石にならなければならず、またこの原理が説明原理として機能するためには多くの一見乗り越え不可能な困難が存在するのだから、この試金石は説得力を持つものでなければならない。このような展望のもとでは『68年の思想』の中で、おそらくはあまりにも素朴に（われわれが遭遇した無理解がそのことを示している）通常の用法にもとづいて、すなわちB・コンスタンとトクヴィルが用いたわれわれには古典的と思われる用法にもとづいて、用いることができるとわれわれが考えた個人主義の概念を再検討する必要があるとわれわれは考えた。事態はここでは複雑なのではなく、複合的なのだということを示したいがゆえのこの明瞭化の努力によって、われわれが主張することのできた立場をより公正に評価してもらうことが可能になると同時に、われわれが生きている現在についての理解をそのごく最近のできごとにいたるまでより前進させることができるだろう。

# 第一章　個人主義の諸表象

ここでは個人主義の問題について網羅的な分析をすることはできない。M・ウェーバーが放った有名な挑発はよく知られている。「個人主義という語は想像しうる限りもっとも非均質的な諸概念を覆っている。［中略］これらの概念をいまや再び徹底的に分析し直すことは科学にとって非常に有益であろう[1]」。この挑発に多くの研究が応えようとしてきたし、またこれからも応えようと努力していくだろう[2]。いずれにせよこのような試みは、概念の政治的次元と哲学的次元を不可分な形で考慮に入れた歴史的研究の後でしか十全にはなされえないものである。われわれがこれからする考察にはそのような野心はない。単にいくつかの手がかりを示すことにより、メディアや学者の言説の中で最近大量に用いられはするものの、それによって一向に明らかにならないひとつの複合的な観念を、より反省された仕方で用いることを可能にすることが目的である。

### B・コンスタンの貢献

個人主義は、ブルジョアの利己主義、無気力で非政治的なナルシシズム、私生活的価値への後退を意味するにすぎないとされることがあまりに多かった。この列挙の最後の要素が、六八年の後の意気阻喪の中で、八〇年代初めを特徴づけたことは誰も否定しない。B・コンスタンによる区別を再び用いるなら、このような展望のもとでは、個人主義は「古代人の自由」、すなわち古代ギリシアにおいて行政への参加によって表現されたあの能動的自由の、まさに反対物にすぎないだろう。「この自由は、集団的に、しかし直接的に、主権の複数の部分を行使すること、つまり公共の広場で戦争と平和について討議すること、外国人と同盟条約を結ぶこと、法案を可決すること、判決を宣告すること、行政官が提出する予算、彼らの行為、行政運営を検討すること、彼らを人民全員の前に出頭させること、彼らを告発すること、彼らを糾弾し、また赦免すること等であった。しかし、これこそが古代人たちが自由と呼んでいたものであると同時に、彼らはこの集団的自由と集団全体の自由への個人の完全な従属とが両立するものと認めていた。〔中略〕すべての私的行為は非常に厳しい監視のもとにあった。意見についても、職業についても、またとくに宗教については個人の独立はまったく認められなかった(3)」。

このテキストにはここで引用される価値があった。事実多くの曖昧さがこれによって払拭される。古代流の直接民主主義、ルソーやフランス革命の革命家たちがあれほど誉めそやし、同時代人たちに受け入れさせようとしたこの民主主義においては、本来の意味での個人はまだ存在していない。より正確に言えば、B・コンスタンが強調しているように、もし個人が存在しているとしても、それはただ政治的なレベルにおいてのみであり、そこに個人が持っている能動的要素のすべてがいわば集中させられているのである。だがまだそこには私生活はなく、B・コンスタンによれば、市民社会においては彼らは奴隷状態に落とされた集団的大衆である。個人主義の誕生はそれゆえコンスタンが「近代人の自由」と呼ぶものの形態をとることになる。「それは個々人にとって法律にしか従わない権利《ドロワ》、あるひとりの、あるいは数人の個人の恣意によって逮捕監禁されず、死刑に処せられず、どんな仕方でも危害を加えられない権利である。自分の意見を言い、職業を選び、その職業を営む権利である。自分の所有物を自分の思うように処分し、それを濫用しさえし、許可なしにまた動機や自分の行動を説明することもなく望む場所に出かけたり戻ったりする権利である。自分の利益について協議するため、自分や仲間の好みに合う信仰を説くため、また単に自分の気質や気まぐれに合う仕方で時間を過ごすために他の個人と集まりを持つ権利である。そして最後にそれは個々人にとって、公務員の全員もしくは部分を任命することによって、あるいは当局も考慮に入れざるをえない代表、請願、要求を通じて、政府の行政に影響を与える権利である」。

ここでもやはりコンスタンを引かねばならなかった。それは彼の分析が——とくに最後の数行を通してたやすく感じとれるように——現代を対象としても十分に通用するからというだけでなく、これをより仔細に眺めれば、現代の社会の動きが個人主義的であるか否かを論ずる議論の大部分が陥っている主要な誤解を取り除けるからである。コンスタンの考え（もっとも彼はここで、非常に総合的にまた明晰に、少なくともヘーゲル以来の、古代と近代の区別についての省察の内容を表現しているにすぎない）では、個人主義の誕生は近代人の自由の出現、それによって個人が集団の全体的で、「全体論的《オリスト》な」支配から解放される近代人の自由の出現にほかならない(4)。

したがって個人主義は何よりも無気力な利己主義を意味しているというわけではない(5)。コンスタンのテキストにも見てとれるように、個人主義は自律《オートノミー》をめざすことをも政治問題への参加をめざすことをも原則的には排除するものではない（それは統治者に影響を与える可能性、代議制を仲介として統治者を統御する可能性を含んでいる）。それはまた、利益を動機とするものであれ、情熱、思想を動機とするものであれ、ひとが寄り集まることを除外するものでもない。実を言えば、近代人の自由の、無気力な利己主義という要素は、集団的なものからの個人の解放という意味に解された個人主義が持ちうる可能な諸結果のひとつであるにすぎない。そもそもコンスタンとてこの危険を意識していないわけではまったくない。彼は書いている。「近代人の自由が持つ危険は、自己の独立を享受すること、そして己個人の利益を追求することに夢中になり、われわれが政治権力に参加するわれわれの権利をあまりにたやすく放棄してしまうことである」。

はっきりと言ってしまおう。最近、われわれが読むことができた個人主義についての意見の多くは、個人主義にとっては偶発事にすぎないものを、その本質に祭り上げていたのだ。近代人の自由が持つさまざまな危険は、疑いもなく個人主義と結びついている。それらの危険は個人主義にとって可能な真実のひとつであるかもしれないが、個人主義に不可避の真実ではない。非常にしばしば見落とされていたのは、この複雑な連関なのである。しかし、無気力な利己主義がその潜在的に可能な一結果にすぎないこの個人主義の真の本質が何であるかを考えてみることによって、この複雑さを手短に読み解こうとすることはできる。

## 革命の個人

政治の舞台で個人主義が白日のもとに炸裂するのはフランス革命の時である(6)。この突然の出現はフランス革命にはるかに先立つ個人主義のひそかな生成にその前史を持っている(7)。ここでは歴史家の著述をおこなうわけではないので、革命の個人主義とでも呼べるもののふたつの基本的な特徴をあげておくだけで十分だろう。

最初の特徴は次のものである。個人主義は平等の名による、身分差別《イエラルシー》に対する個人の反抗という形をとって現れる。この第一の側面においては、個人主義はトクヴィルが民主主義と名づける社会階層の平準化の過程とまじりあう。この側面を象徴するのは人権宣言であり、その夜に旧体制《アンシャン・レジーム》の身分構造を基礎づけていた諸特権が廃止された「八月四日の夜」(7)である。トクヴィルによる民主主義の分析は、多くの点でコンスタン流の古代と近代の区別を延長したものにすぎないが、それゆえにフランス革命後の近代史の中に現れるいくつかの大きな社会運動を解釈するための大枠を提供する。そうした運動が、社会主義、さらに共産主義を標榜する場合においてすら、社会階層の平準化をめざす運動は、逆説的だが、革命的個人主義のこのような側面をさらに押し進めているにすぎないだろう。この点に関してもっとも際立った例は、一八四八年の革命の際に、社会主義者たちや共和派左派の影響のもとに現れた、法律上《フォルメル》の権利と事実上《レエル》の権利の対立のそれであろう(8)。たとえ異なる社会階層間の事実上の平等の要求が、表面的なものとして、さらには上部構造に関わるもの、イデオロギー的なものとして告発された法律上《ジュリディック》の平等を越えて、自由主義的個人主義に対する、またブルジョア市民社会に対する批判の名のもとにおこなわれているにせよ、その要求自体は身分主義的世界に対する批判として、革命的個人主義の論理の内に組み入れられているのである。確かに、ここで攻撃の目標となっているのはもはや旧体制下の身分制度《イエラルシー》「いくつかの〈身分集団《コール》〉に当然生まれつき備わっているものとしての特権」ではなく、社会的・経済的不平等により生じた近代の社会階層序列《イエラルシー》である。それでもこれらの運動に活力、動機、正当性を付与しているのも、やはりこの個人主義的(階層序列に反対する《アンティイエラルシック》)要求である。さらに、より最近において、企業、大学、そして政党の内部における「官僚主義」が問題にされる時にも、やはりそれは平等の名において、そして位階制《イエラルシー》の不当性の名においておこなわれるのである。

少なくともこのレベルでは、集団的な大政治プログラムとどのようにしてまったく共存可能であるかがいまやより明確になってきた、革命的個人主義の、あるいは戦闘的個人主義の第二の要素が、第一のそれを強化する。それは個人が、自律《オートノミー》の意味に解された自由の名において、伝統を告発するということである。[9] 再びフランス革命が参照されなければならない。L・デュモンがその著作、『個人主義論考』、また他の仕方でP・クラストゥルが『国家に抗する社会』[二] において示したように、伝統的社会は、それが原始社会であるにせよ、また中世の社会であるにせよ、他者《エテロノミー》による支配という特徴を持っている。個人が選んだものでもなく、当然個人が自分の意志にもとづいてつくりだしたものでもない伝統が、いわば外部から、自然の法則に従うのと同じように従わざるをえないような、まったく超越的な形態のもとに個人に押しつけられる。これとは逆に、フランス革命が舞台上に上げたのは、社会契約についての諸理論から引き継がれた、みずからの手でみずからのための制度をつくりだすという考え方である。原則としては（というのは実際には事態はむろんそれほど単純ではないからだが）ひとびとの意志、人民の主権にもとづいて法律をつくり、可能な限りその法律を伝統の支配から逃れさせようとするのである。この点においてフランス革命は明らかに偏見・迷信に対して啓蒙の哲学者がおこなった批判を受け継いでいる。啓蒙の哲学者はあらゆる伝統を偏見・迷信に還元しようとしたのである。これらのことは確かによく知られている。だが、さらに次のことにも気がつかねばならない。フランス革命があらゆる社会階層序列《イエラルシー》を消滅させたのではなく、さらに新たな社会階層序列（ブルジョア社会における社会階層序列）を誕生させたのと同様、旧体制《アンシャン・レジーム》というこの伝統的世界を消滅させたことは必ずしもあらゆる形の伝統を消滅させたわけではない。したがって社会運動を個人主義の観点から分析し続けることは、現代社会においても正当化しうるものである。政治においても、また芸術においても、あらゆる前衛的な運動は、自律の名において、さらには個々人の創造性、個々人の開花の名において、伝統のすべての形態を批判するという革命的個人主義の傾向の内に包含されるだろう。

社会階層序列に対して平等を、伝統に対して自由を、というこれらのことが、本当に革命的個人主義の本質的なふたつの特徴であるとすれば、個人主義の観点からする社会運動の分析は、しかしながら、二重の逆説に直面してしまうように思われる。

——すなわち、まず旧体制の身分差別《イエラルシー》であれ、近代官僚主義の位階制《イエラルシー》であれ、社会階層序列《イエラルシー》を破壊、もしくは解体するために、個人が遠大な集団的企図を核として動員され、集団を形成することがありうるという点である。だがもしこうした企図が最終的に全体《ユニヴェルセル》の中に個体《パルティキュリエ》、集団的なものの中に個人的なものを認めるならば、ここにはいささかの矛盾もない。したがって広範な社会運動が起きたということは、ある時代を個人主義の観点から解釈することに対する根拠のある反論とはまったくなりえないだろう。

——先にコンスタンに見たように、個人主義の誕生は、旧体制《アンシャン・レジーム》からの断絶としてばかりでなく、また古代人の自由、すなわち直接民主主義からの断絶と考えられているとはいえ、この同じ直接民主主義は（それを一般意志《ヴォロンテ・ジェネラル》の支配と呼ぼうが、自治組織《コミューヌ》、自治評議会《コンセイエ》、自主管理《オトジェスティオン》の支配と呼ぼうが）、個人主義の名において、伝統と社会階層序列を消滅させることをめざすあらゆる社会運動の変わることのない目標であり続けている。こうした消滅は、それが完全なものであらねばならぬとすれば、完全に自主管理された社会の中で生きる全面的に自律的な個人という二重の考え方を通してしか実際実現しえないであろう。このように直接民主主義が近代の政治理性を導く理想のひとつを構成することが明らかになることには疑いを入れない。民主主義を求める運動が、とりわけパリコミューン以来、しばしば、つねに罷免可能な代議員による評議会、議会という形で具体化されたことも、また驚くべきことではけっしてないし、この点について、一九八六年一二月の学生運動も同じ道からはずれることはないだろう。(10) だが、動きに満ちた、そしてつかの間のものでしかなかったこうした民主主義のモデルを制度へと変形させようとなると、(11) 話はまったく別である。そんなことをすれば、目標を幻想に変形するにすぎなくなってしまう危険がある。とにかくここには大きな問題が潜んでいるが、それについては、次の章で一九六八年の分析について語る際に、もう一度戻ることにしよう。

## 革命の個人からナルシス的個人へ

個人主義の概念を明快にしても、もしそれによって革命的個人主義と、われわれが潜在的にその可能な結果のひとつとしたもの、すなわちコンスタンがそれに近代人の自由が持つ主要な危険を見ていたあの無気力な個人主義との緊密な結びつきを把握することが可能にならないならば、まだ十分とは言えないだろう。コンスタンよりさらにはっきりとトクヴィルは無気力な個人主義を次のように描き出していた。「もし人間の知的道徳的活動を物質生活の必要に振り向けること、そしてそのような活動を安寧を生み出すために用いることを有用であるとあなたが考えるならば、もし分別《レゾン》のほうが天才よりも人類にとって有益であるとあなたには思えるならば、もしあなたが目標とするのが英雄的な美徳を生み出すことでなく、穏やかな習慣をつくりだすことだとするならば、もしあなたが犯罪を見るよりは悪徳を目にするほうがましだと考え、ひどい犯罪が少なくなるなら偉大な行為が少なくなってもかまわないと考えるならば、もし光輝ある社会で行動できなくとも、繁栄した社会で生きられればあなたにとっては十分ならば、そして最後にあなたの考えでは、政府の主要目的は国民全体に可能な限り最大の力と光栄を与えることではなく、国民を構成する個々人により多くの安寧をもたらし、悲惨をできる限り避けさせることであるならば、ひとびとの身分を平準化し、そして民主制の政府をつくりなさい[12]」。近代人の自由、すなわちトクヴィル、そしてコンスタンが一七八九年に忠実にその遺産を引き継いでいる革命的個人主義と、彼らがすでにマルクスとは異なった理由からではあるが、マルクスがブルジョア市民社会の構成員である利己主義的でモナド的な個人を攻撃して用いるのとけっきょくのところ似通った用語で告発しているあの私生活への凡庸な後退とのあいだの連関をどのように理解すべきだろうか。

この点についての省察はここで慎重になされなければならない。それほどの個人主義の論理はとらえにくいものなのだ。革命的個人主義には、互いに矛盾するとまでは言わなくとも、数多くの展開可能性がある。確かにそこには多少とも異なった方向へ向かう三つの論理を見てとれる。

（一）　第一の論理は、トクヴィルがもっとも注意を傾けた、社会的関係の細分化の論理である。「個人主義は民主主義に起源を持ち、社会階層序列が平準化されるにつれて発展するおそれがある。〔中略〕社会階層序列が平準化されるにつれて、もはや自分の同類の運命に影響を与えるほどには金持ちでもなく力を持ってもいないが、自分自身が自活するのに足りる程度の知識、財産は獲得し、それらを保持し続ける個人が増えてくる。彼らは誰にも何も負っていない。彼らは、自分のことをいつも他人から切り離して思考することに慣れていく。そして自分の運命はすべて自分が握っていると思い込みたがる。こうして、民主主義は個々人に彼の先祖のことを忘れさせるのみならず、子孫をも彼に見えなくしてしまい、さらに彼を同時代人たちからも切り離してしまう。民主主義は個人が絶えず自分自身に立ち戻るようにさせ、彼を自分自身の心の孤独の中に閉じこもらせようとする」(13)。

トクヴィルが民主主義的個人主義のこうした側面に対して示す警戒は、それまで彼の世界を構成していた諸価値の消滅を前にした貴族の敵意には還元しえないものだろう。たとえトクヴィルが貴族制度を「称賛」しているとしても、それは単にそうした制度が栄光と偉大さの原則の上に成り立っているからではなく、また単にそうした制度においては、ひとが「互いに対する義務を進んでみずからに課し、またしばしばもはや生きてはいないひとびとのために、あるいはまだこの世に生を受けていないひとびとのために個人的な楽しみを犠牲にするから」でもない。それは同時にそうした制度が「個々人をその同胞の幾人かと緊密に結びつけるという効果を持っている[14]」からでもあるのだ。トクヴィルの立論は、次のようなものであり、それはロマン主義的な懐旧の念、旧世界を復興しようという精神などにはまったく囚われていない。旧体制《アンシャン・レジーム》の世界は階級的な世界であり、それゆえに基本的に共同体の世界、今日ならば全体論《オリスト》的世界とも呼べるものであった。個人はそこではある集団の構成員としてしか存在しておらず、異なった集団は――次の点が重要なのだが――中央国家権力に対する反権力を形成しており、その結果、中央国家権力の権利上認められていた絶対性が事実上規制されていたのである。したがってトクヴィルは国家の権力に限定を加えることに思いをいたす自由主義者として民主主義が持つ危険について考えたのであり、彼が次のような、現代において過去のいかなる時代にもまして重要になってきた問いを提示するのはやはり自由主義者としてなのである。その問いは民主主義的世界において、すなわち個人主義的世界において、社会組織の解体を阻む歯止め、国家に対置しうる反権力をどのようにして見いだせるだろうかというものである。実際、社会の原子化は、互いに分断された個人が、いわば後見たる国家の恣意に委ねられ、それに対していかなる抵抗もできないような状況に導いていく恐れがあるだろう。アメリカの民主主義の内にトクヴィルが見いだし称賛している団体《アソシアシオン》という仕組みは、個人と国家の仲介となるがゆえに、トクヴィルにはそれが民主主義的な個人主義の危険に対する可能な主要な解決策を提供するかと思われる。またトクヴィルが自由主義者として立論していると言えるとすれば、このことは認めねばならないが、それはまた団体《アソシアシオン》を自由主義の諸原則の最良の擁護策とすることにより、単に伝統的自由主義にとどまらず民主主義的左翼のいくつかの思潮のうちに今日なお具現されている展望を開いたことによる。

（二）民主主義的個人主義の可能なもうひとつ別の展開が、社会の原子化の過程をさらに押し進める。これは結果として相対主義をもたらす。もし個人主義が伝統に対する批判として表現されるなら、この動きの果てには結果として、そこにおいては真正さ、すなわち自分の個別性をしっかりと保持したまま自分自身であることが、他のいかなる価値にも圧倒的にまさる価値であるような文化が出現する。もはや個人が外的な規範に従うということは、その規範がいかなるものであれ、またその規範の外在性がいかなる性質のものであれ、ありえない。個人は、自己が他と異なっていることを主張する権利を要求するのであり、その差異の起源、性質がどのようなものであれ斟酌しない。このような展望のもとでは、表現するという行為のほうが表現された内容より、意見を持つということが表明された意見より重要なのだ。普遍的であることをめざす規範は姿を消し、個別性の主張がそれ自体として価値あることとされるようになる。ここで破壊されるのは社会組織のみならず、語源の通り「公共の広場」という意味に解された「共和国《レピュブリック》」（四）におけるコミュニケーションの可能性自体である。「広場」で議論を戦わせることには、本来、個別の意見を表明することだけでなく、意見をぶつけあうことにより、可能な限り、イデオロギーについての合意ではなく、人間関係がそれなしでは単なる力関係、誘惑の関係にとどまらざるをえない最低の合意を導き出すことが目的としてあったのである。現代の哲学がそれによって近代性（資本主義的・技術主義的）の基礎自体をくつがえしたとしばしば思い込んだ、ニーチェから借用した有名な「事実というものはなく、解釈があるだけだ」というスローガンは、このような文脈の中では、その意図とは逆に、事態の哲学的翻訳としてはこの上なく素朴な、批判精神をこの上なく欠いたものに見えてくる。

（三）　個人主義の発展が、論理的に、伝統的価値（すなわち一個の権威によって正当化されたドグマ）に対する批判を内包するとするならば、この批判、また新たな価値の主張はその正当性の根拠を、もはや自分が展開する議論の内に求めざるをえなくなるだろう。換言すれば、個人が王となった民主主義的世界においては、正当性は「伝統的」であることを止め「合法的《レガル》」なものにならなければならない。これが民主主義的個人主義の可能な第三の結果である。この結果は、原子化の論理、相対主義の論理とは対立するかもしれない。個人主義の概念がその豊かさのすべてを獲得し、またその複雑さのすべてを示すのはまさにこの点においてである。法律、政治、科学、哲学、倫理、美学の分野において、そして宗教の分野においてすら、個人主義の進展は、われわれから、すでに確立された確実性に、何の議論もなく依拠する可能性を失わせてしまった。もはや伝統的であることに正当性を認めることはできず、しかもその正当性に意味を与える議論が必要なので、個人は、個人が当然とるべき運動そのものによって、自分自身を越えて、自分自身にとってのみでなく、また他人にとっても有効と認められる正当化の探求をするようにと促される。彼にしては珍しく啓蒙の哲学の遺産に忠実に、ヘーゲルが『法の哲学』[五]において書いているように「近代世界の原則は、各人が受け入れることが彼にとって正当なものと見えることを要求する」のである。法《ドロワ》についての近代的（共和主義的）考えが枠を提供する議論が、伝統がそれまで占めていた場所を奪う。というのも、忘れないでいただきたいのだが、たとえ伝統が、個人にとってみれば他者による支配《エテロノミー》に対する合意という性格を持ち、したがって民主主義的個人主義の要求にとっては受け入れがたいものであるにせよ、伝統もやはり社会的絆、みなに共通の意味を生み出していたのだ。したがって、伝統の終焉は、もし近代においてそれが新しい社会的絆の原則の出現によって釣り合わせられないならば、避け難い結果として原子化と相対主義をもたらすことだろう。逆説的だが、このような原則が個人自体の中に根を持つのでなければならない以上、重要な問題は次のようなものである。すなわちどのようにして共通の意味を個人的なものを基礎として、一般的なものを個別的なものを基礎として、規範の超越性を主観の自律性の自己への内在性を基礎として打ちたてることができるのかという問いである。これが間主観性の議論の論理が答えようとする主要な困難である。個人を私生活への後退へと導くのと同じ運動が、個人が自分の意見、あるいは自分の選択を正当化しようと望み、法の言説がそのモデルとなる議論の空間にみずからを置くや否や、個人にこの自己への後退から外へ出るよう強いるのである。個人主義のこのような微妙な論理に注意を払うならば、六八年の思想のような哲学思潮は、本質的に専制的なものとしてとらえられた議論の合理性を脱構築すること、および法的空間を歴史的に時代遅れのものとして、あるいはひとを欺くものとして価値なきものとすることを自己の任務と考えたことによって、批判を招きうるし、また批判されねばならないのがなぜかということがおそらくわかっていただけるだろう。われわれは第三章において、法《ドロワ》の問題の観点からこの主題にもう一度戻ってくるだろう。

*

われわれが、六〇年代の哲学についてのわれわれの試論の中で、六八年〈五月〉を、一九世紀の大規模な諸革命と八〇年代のナルシス的個人主義のいわば中間に位置する個人主義的運動と解釈することが可能だと考えたのは、民主主義的個人主義のこれらの複数の、互いに異なる方向を向いた、しかし互いに矛盾するわけではない側面を考慮に入れた上でのことであった。明らかに救世的であり、ユートピア的であり、共同体的な、すなわちあらゆる点において通常使われる意味での個人主義とは対照的側面に特徴づけられると思われた政治的現象を過小評価する試みをこの分析にごく自然な形で読みとったひとびとは、これに多くの反論をおこなった。これらの反論は非常に多くの場合、多数のひとびとにとってその青年時代と一致する一時期への追憶の名において、また一見したところ個人主義の論理には還元しえない、「集団で生きられた」実際の体験の名において表明された。実を言えば、このような調子は〈五月〉の個人主義的解釈に対して、彼ら自身とっくの昔に捨て去ったイデオロギーを持ち出さざるをえなかったかつての六八年の闘士の立場においては十分理解できるものである。こうした観点からすると、C・カストリアディスの反論ははっきりと例外をなしている。[15] それにはふたつの理由がある。まずそれが私たちに対し、なんらの遠慮もなく直截に、だがあらゆる論争の埒外において投げかけられたからであり、そしてまたカストリアディスが、今日では彼が『裂け目《ラ・ブレッシュ》』においてあの五月の時期にすでに〈五月〉の出来事の内に見ていたもの、あるいは見たと信じていたものになお忠実であり続けている非常にまれな解釈者のひとりだからである。この反論は、個人主義的解釈に対置されえた論の本質的な部分を、その論理的一貫性の極限まで押し進めたという利点があるのみならず、それがはたらかせる原則の厳密さ、そこに示されている安易な系譜学に対する拒否によって、自由な議論の真の場をしつらえてくれる。一九六八年から一九八六年までわれわれが生きた社会の動きを本当に理解させることができるような読解を、個人主義という概念が生み出せるかどうか検証するために、われわれが彼の反論を取り上げるのは、まさにこうした資格においてである。

# 第二章　六八年から八六年の個人へ

## 六八年〈五月〉——自主管理あるいは個人主義？

「六八年〈五月〉を現在の個人主義を準備（加速）したものとして解釈することは——著者たちの誠実なことは疑えないが——私が知る限り、われわれの大部分が実際に生きた歴史を、本当らしさを無視してまで書き改めようとするもっとも極端な試みのひとつである。［中略］街路で狂人と間違えられることを怖れることもなく誰にでも語りかけえた友愛と活発な連帯の数週間、車を運転する誰もがあなたをヒッチハイクで乗せてくれたあの数週間——その真の姿は快楽主義的なエゴイズムだったというのだ。〈隣人に言葉をかけよ〉という、六八年〈五月〉に壁に書かれたスローガンは、こっそりと個人の私生活への閉じこもりを準備していたというのだ(1)」。

カストリアディスの議論がよく目標を絞っていることを認めよう。確かに彼の議論は論争の中心点を衝いている。つまり見かけとは反対に〈五月〉の共同体的な反抗と八〇年代のナルシシス的個人主義を結ぶ可能な関係という点である。カストリアディスによれば、この両者の継続性という主張は告発されねばならない。彼の眼には、現在の個人主義は一九六八年の奥深い真実であるどころか、その逆に〈五月〉が明らかに失敗に終わってしまったことの悲しむべき結果だからである。

すでに一九六八年の『裂け目』において展開されていた展望においては、〈五月〉の奥深い真実はその反伝統的性格、またそれに相関して現れることだが、直接民主制と自主管理を求める願望の内にこそ探されねばならない——この真実はあまりにも明らかであり、あまりにも個人主義とは対立するものらしく、したがって〈五月〉の個人主義的解釈は非常識な、さらに言えばとても理解できないものにしか、「事件の意味を変質させようとするもっとも極端な試み」にしか見えないのである。「私はすでに、伝統的運動組織形態に対する批判と拒否が運動の特徴であることについて述べた。さらにシット・インや公開討論といった形態が内容として何を意味しているのかを理解しなければならないだろう。そしてとりわけ、六、七〇年代の運動によって社会の現実の中に（そして社会制度の中に）導入された、そして当初からはっきりそうした運動の目標であった大きな変化を、あっさりと無視したり、個人主義の貨物船にこっそり載せたりすることは止めなければならないだろう。［中略］それにたとえば教師／生徒という伝統的関係のような、教育の伝統的な内容と形態の問い直し――そしてわずかではあるがまだ現実から消えていないこのような問い返しの残した確かな結果――についてなぜまったく語らないのだろうか(2)」。

　これらの論難の意味は明らかである。カストリアディスは家庭、学校、工場内における伝統に対する批判と自主管理の要求とのあいだに直接の関係を認めているのだ。彼が六八年〈五月〉に見ているのは、彼自身によって雑誌『社会主義か野蛮か』で何度も表明された、それ自体完全に自律的な社会の中での、またそうした社会によって可能になる自律に達した個人という理想を実現する試みにほかならない。カストリアディスが六八年と八〇年のあいだに断絶をしか見てとれないのはまさにこの理由による。八〇年代は彼の眼には反-〈五月〉の結果ではなく〈五月〉の根底的な失敗の結果なのである。自律の幻想を告発し、主観性という考えまでをも破壊する六〇年代の哲学が、カストリアディスには、彼自身と彼の友人たちの哲学を除いて、〈五月〉の運動にはまったく無縁のものと見えるのもまた同じ理由による。「主体の消滅、人間の死、またほかにも私がフランスのイデオロギーと呼んだ思潮のばかげた数々の主張がすでに数年にわたって出回っていた。そうした主張から避け難く派生してくる主張、政治の死という主張は簡単に明らかにされえた。[中略]この主張は六八年〈五月〉を含む六〇年代の運動への参加者たちが打ち込んだ活動とは、はっきりと相容れないものである。[中略]フェリーとルノーによって分析された著者たちのアンソロジーをカルチェ・ラタンに築かれたバリケードに夜に配ったとしてもみなが笑い出して止まらなくなってしまうのがせいぜいのところだったろう。悪くすると参加者にも運動自体にも緊張を無くし、散り散りばらばらにしてしまっていたかもしれない」(3)。〈五月〉に続く数年における六八年の思想の成功、とりわけフーコーとラカンの成功は、したがって彼らと六八年のつながりによってではなく、まったく逆に、彼らが主観性の批判を通して、運動を衝き動かしていた自律という企図の失敗そのものを表現していたという事実によって説明されることになる。「フランスのイデオロギーの理論家たち（フーコー、ラカン……）が遅まきながら提供するもの、それは同時に〈五月〉の運動の限界（あるいはけっきょくのところ限界づけ、つまり歴史的弱さ）の正当化でもある。彼らは言う。あなたがたは権力を奪いとろうとしなかった。あなたがたは正しかったのだ［中略］いずれにせよ、歴史も主体も自律も西欧の神話にすぎない(4)」。カストリアディスの結論は次のようになる。「フェリーとルノーが主体、人間、真実、政治等々の死というイデオロギーと〈五月〉の失敗（それはその上奇妙な失敗であった）および運動の解体の後にやってきた精神状態、気分、ムードのあいだの完全な一致に気がつかないのは驚くべきことだ」。

われわれとカストリアディスのあいだには少なくともひとつの同意が成立することを指摘しておこう。それは問題になっている諸哲学の空虚さ、とくにそれらの哲学が主観性を除去することの空虚さについての同意であり、さらにそれらの哲学が八〇年代初頭に最高点に達するナルシシス的で無気力な個人主義の勃興に随伴して現れてきているという事実についての同意である。カストリアディスとわれわれの不一致は、まったく六八年と八六年のあいだに継続性を認めるべきか、それとも断絶を認めるべきかという設問に関わる。あるいはけっきょく同じことだが、六八年〈五月〉は本当に失敗であったのかという設問である。われわれの見るところでは、まさにこの点においてカストリアディスは三つの誤りを犯している。

（一） 個人主義という概念について――六八年〈五月〉が平等の名をもってする位階制《イエラルシー》に対する反抗であったこと、自由と自律の名をもってする伝統に対する反抗であったことを誰が否定しようなどと考えるだろう。この反抗が、実際には、社会生活、政治生活のさまざまな分野を集団で担おうというさまざまな企図を通して表現されたことを誰が否定しようなどと考えるだろう。カストリアディスが気がついていないと思われるのは、たとえこれらの問いに肯定で答えるにせよ（またそれしか答え方はないだろう）、これらの問い自体は運動が非個人主義的性格を持ったものだと決定することを、いかなる意味においても許さないという点である。それどころか、革命的個人主義、あるいは戦闘的個人主義の真の論理を理解した者にとっては、六八年〈五月〉はそうした個人主義のもっとも顕著な表現のひとつに見えるのである。そもそもカストリアディス自身がD・コーン＝ベンディットとの対論の中で〈五月〉の深く個人主義的な性格を認めていた。「われわれは、自律的社会について語り、自律的社会をめざしている。しかし自律的社会は自律的個人によってしか構成されえない(5)」。そしてこの革命的個人主義、社会の自律の内にしか具体化されえないこの個人主義の性質をよりはっきりさせるために、カストリアディスはまことに適切にもこれを、あらゆる宗教の性格である他者《エテロノミー》による支配に明瞭に対立させるという気配りをしていた。「ヨーロッパの歴史は何ゆえに他の歴史と異なっているのだろう。それはヨーロッパの歴史がこの自律という意味をつくりだしたからであり、ヨーロッパの歴史が、歴史における他者《エテロノミー》の支配の内でもっとも広範に広がり、もっとも絶対的で、もっとも強固な形態、すなわち宗教的な他者支配との最初の断絶だからである。最近はやたらと〈宗教への回帰〉が語られ、今晩もイランとイスラム教が話題になったばかりだから、この際はっきり言っておきたい。イスラム教、キリスト教、ユダヤ教には自由な、個人である私に深い嫌悪感をもよおさせる何かがある。それは精神的・心理的奴隷制度の宣言である(6)」。この数行を書いた人物、そして六八年の内に伝統が持つ他者《エテロノミー》による支配に対する根底的な批判を他の誰よりも強く認めていた人物が、どのようにしたら今日〈五月〉は個人主義の運動ではなかったなどと主張できるのだろうか。カストリアディスに、とくにこのテキストにおいて顕著だが、また彼が一九六八年について書いたあらゆるテキストに、われわれが先に言及した戦闘的個人主義の定義、集団をその集団自体が担うことの諸要請と両立しえないことなどまったくなく、むしろその逆であることをわれわれが示した戦闘的個人主義の定義がつねに見いだされることをどうして見ないでいられようか。したがって真の問題は六八年〈五月〉が個人主義的運動であったか否かを知ることではない。そんなことは自律的個人という概念の出現の近代的、反伝統的意味に気づきさえすれば、疑いの余地はない。実際真の問題は、どのようにして一九六八年の特徴であった戦闘的個人主義から八〇年代のナルシス的で無気力な個人主義への移行がおこなわれたかを知ることである。一九六八年についての論争はこうして集団的／個人的という対立から現代の個人主義のさまざまな相についてのより複雑な分析へと移動していく。

(二) カストリアディスがふたつめの誤りを犯すのはここにおいてである。六八年〈五月〉は失敗した政治運動ではなく、明らかに予測をはるかに越えて成功した社会運動であった。このことを納得するためには、六八年〈五月〉を一九世紀の大規模な革命運動から隔てている違いに注意を向ければ十分である。双方とも疑いもなく革命的個人主義の諸価値によって支えられている一七八九年と一八四八年の革命は、政治的・制度的に新しい形態（共和国、普通選挙制等）に具体化された。六八年〈五月〉は、言うまでもないが、そのようなものは何も生み出さなかった。現在の状況に照らしてじっくり考えてみると、一九五八年の憲法は、六八年を通過することによって、それまで以上に強化されたとすら評価できる。それこそまさに運動が政治的に失敗したことの疑いえないしるしなのだとカストリアディスはおそらく叫ぶだろう。しかし〈五月〉の本質は、左翼急進主義のさまざまな用語法を用いて表現されていた小セクトの、きわめて少数の人間のものでしかない、さまざまな企図の内になどなかった、ということにどうして気づかずにいられよう。もしこれらの超少数意見がなんらかの影響を持ったとしても、それは主にその過激な性格が、伝統的・権威的に成り下がってしまっていた既成左翼政党を乗り越えることを許し、その結果、社会批判に武器を提供することを可能にしたがゆえであることにどうして気づかずにいられよう。要するに、〈五月〉の本質は反伝統的・反位階制的諸要求の中にあったのであり、そもそもがユートピア的なものである政治的形態になどなかったのである。それらの形態は、役割を果たし終えるとすぐ投げ捨てられる使い捨ての道具と同じように、採用されるや否や打ち捨てられたのである。そもそもカストリアディスも毛沢東主義あるいはトロツキズムについて次のように書く時、そのことを認めている。「〈五月〉以前、その渦中、そしてとくに〈五月〉以後に流されたごまかしの最悪のものは、自然に組織された自発的な集団活動の状態がどこかに実現されるのを見たいという願望に支えられていた。〈親中国派〉のひとびとについて言えば、彼らはある意味ではこれにあてはまらない。というのは彼らは中国がナチス的な社会、あるいは〈レーニン主義的〉社会をすら実現することを希望していたからだ。しかしまた彼らはこれに当てはまるとも言える。というのは彼らは、真の革命が進行中であり、大衆が官僚主義を抹殺するのであり〈専門家ども〉は連中が当然そこにとどまるべき位置に引きずりおろされるのだと夢見ていたからである［中略］この願望が、あのおりに、潜在的に犯罪的であるような幻想を抱かせることができたかどうかということは、まったく別の議論となる」(7)。

このように言うことは、けっきょく〈五月〉の本質が、まことに幸いにも、左翼急進主義的ユートピアの内容にあるのではなく、まさしく民主主義的個人主義が要請していたものの内にあることに同意することではなかろうか。これこそが六八年〈五月〉が政治的にではなく、社会的に具体化したこと、とくに、おそらく誰もそれが現実化したこと、そして肯定的なものであることを否定しないであろう風俗のすばらしい自由化の内に具体化したことの理由ではなかろうか。われわれが先に触れた一九八一年の対論でD・コーン＝ベンディット(一)が彼の政治活動の結果について自問する時、その政治活動がその本質から言って実現不可能な性格のものであったことを強調していることは、この上なく示唆的ではなかろうか。「われわれにとっては、この点についてひとつのイデオロギー問題が提起されていた。というのは、われわれがしたあらゆる経験によって——それが主体を称揚する運動であれ、また文化運動、女性運動、同性愛者の運動、若者の運動、子供たちの運動であれ——ある瞬間から、われわれがつくりだした構造が失敗であったことに、いつも気がつかされた。つまり展望はないし、われわれもまたそれを持っていない(8)」。彼はさらに、このことは認めてもらえると思うが、〈五月〉に特有な個人主義の位置を完全に示している言葉を付け加えている。「われわれはこんなに自律、また創造について語るのだから、われわれの戦略において、運動の過程で自律的な個人を生み出す能力がわれわれにあることを模範的な仕方で証明せねばならない。それこそが、われわれを伝統的な革命理論から完全に区別するものなのだ[9]」。

この意味で、〈五月〉の個人主義は、一九世紀の革命的個人主義と八〇年代の個人主義の中間に位置づけられるだろう。それは前者の戦闘的で権利要求的なふるまいを保存しつつ、後者を多様性、差異への権利、真正さ（自己自身である権利）といった〈五月〉によって本質的であるとされた諸価値の文化によって予告している。六〇年代から八〇年代への移行は、けっきょくのところ八〇年代が、〈五月〉の個人主義から、それがまとったユートピア的な企図、それも政治的なレベルで実現されるためではなく、単にその個人主義がもたらす社会批判を完遂するために採用されたユートピア的企図を差し引いたものにほかならないということに気がつけばたやすく理解できる。カストリアディスが愛する直接民主制が運動の地平にあったということはありうる——少なくとも「三月二二日の運動」グループ[一一]については。というのは、それを除いてはトロツキストや毛沢東主義者たちの企図の内容に直接民主制のわずかな痕跡をも見いだしがたいからである。だがこのような直接民主制を求める企図を実際に現実化することが運動のもっとも奥深い目標であるとするのでは話は違ってくる。

したがって、このように「自主管理を求めるもの」として運動を解釈することは、非常に問題をはらんでくる。さらに補助的なふたつの指標が、こうした解釈に問題のあることを確認させてくれる。

——一九六八年、『裂け目』においてカストリアディスは運動が社会的なものであるよりはむしろ政治的なものであることを確信して、その運動が長い未来にわたって続いていくことを予測しないではいられなかった。言葉を換えて言えば、彼は一九六八年の運動が起こった後で消費社会の自由主義的個人主義への復帰がありうるなどという仮定は決定的に退けられねばならないと考えたのである。「いま開きつつある新しい時代が与えてくれる大きな可能性を低く見積もるようなことがあってはならない。フランスにおいて、そしておそらくフランス以外の国においても、近代資本主義的社会の〈静寂〉と愚鈍状態は、これからの長きにわたって破壊されたのだ。〈ド・ゴール主義の信用〉は地に墜ちた。もしド・ゴール主義がまだしばらくのあいだ生き延びるにしても、その想像力に訴えかける魔力は失われてしまったのだ。労働者をみずからの指導のもとにおこうとする官僚主義的指導者たちの方針は根底から揺すぶられた。大きな亀裂が若い労働者をそのような指導者たちとはもはや無縁のものにした。〈左翼〉の政治屋どもも、現在提起されている問題については何も言えないし、今後も発言することはないだろう。国家機構《アパレイユ・デタ》と社会機構《システム》の抑圧的でもありばかげてもいる性格がはっきりと明らかにされた。誰もそのことをしばらくは忘れないだろう。あらゆるレベルで〈権威〉、〈価値〉は告発され、引き裂かれ、無効にされた。資本主義という大建造物の内に開いた裂け目がふさがるには何年もかかることだろう——もしそれがふさがることがあるとしての話だが[10]」。正しい予言をすることは確かに難しい。しかし、これほどまでに予言がはずれるというのは、その解釈の原理自体が腐敗していたのでなければならない。今日わが国にはド・ゴール主義者の首相がおり[三]、また一九六八年にはすばらしい参加／不在の劇を演じてみせた左翼の大統領がいる[四]のみならず、複数主義、代議制という自由主義的価値は一九八六年一一月—一二月の学生の反抗をも含めたすべてのフランスの歴史の過程においてかつてないほどに多くのひとびとによって共有されている。それにカストリアディスが彼が最近に出版した本の中で「〈自由主義的〉低能とその基盤となる精神薄弱の形而上学の両者が今日復帰してきたということにも、また過去から受け継がれてきた哲学の乗り越えがたい自我論《エゴロジー》にも(11)」はっきりと見てとれる孤立した個人のイデオロギーを喚起する時、彼が嘆いているのはまさにそのことなのである。もしカストリアディスが〈五月〉に炸裂していたこの半ば革命的半ばナルシス的な個人主義の真の性質に気がついていたならば、また彼が運動の本質は政治的なものではなく社会的なものであることに気がついていたならば、彼は「裂け目」に未来があるなどとは予測せず、彼が「自由主義的低能」と呼ぶものが復帰してくることを予測できただろう。

——カストリアディスのそれのような解釈が抱える困難さを示す最後の指標を見てみよう。六八年世代のその後の生活、および六八年から生じた新聞雑誌(『リベラシオン』、『アクテュエル』等)のその後の展開の社会学的分析をしてみれば、八〇年代の個人主義の隆盛がかつての〈五月〉のリーダーたちにどれほど多くのものを負っているかが容易にわかるだろう。D・コーン＝ベンディットの最近作『われわれは革命をかくも愛した』はこの点について悲しいほどにはっきり示してくれているから、ここではこれを読んでくださるように読者にお願いするにとどめておこう。そこではたとえば、かつてアムステルダムの「プロヴォ(五)」たちの中でももっとも過激だった連中、資本主義社会に対してのみならず、家族から国家にいたるありとあらゆる「伝統的な」ブルジョア的価値にもっとも激しい憎しみを示していた連中が、今日ではいまや父となった自分の膝の上で戯れる子供を跳びはねさせている様子が描かれる――模範的な企業を経営するために過ごされた忙しい一日の労働の後では当然許されるべき、控えめな細君と共に過ごす休息のひとときである。またそこでは六〇年代の反抗の、アメリカにおけるリーダーのうちもっとも傑出した人物であったジェリー・ルービンが「ユッピー」運動の超自由主義的価値を説き、自分がかつてリーダーであった反抗を次のような言い方で批判しているのが見られる。「六〇年代に提案された方法は現在にはもはや適さない。理由は簡単で、六〇年代に抗議していた連中がいまやこの国を率いているからだ。それにいまやわれわれがこの国の多数派なのに、なぜわれわれが抗議を続ける必要があるだろう。われわれと同じ考えの大統領を選ぶことができ、そのことによってわれわれがアメリカの未来を決めることができるのに、なぜわれわれが街に繰り出す必要があるだろう」(12)。ここでD・コーン゠ベンディットが質問を投げかける。「で、君はもう国家に対する闘いを止めたのかい」。大笑いが返答である。「いいや国家とはもう闘わない。そんな必要はない。やっても得になる闘いじゃないよ。いまや僕が国家になるべきなんだ。もちろん僕が個人的にという意味じゃない。僕ら全員ということだよ。八〇年代の多数派になった六〇年世代みんなということさ」[13]。反-ジェリー・ルービンそのもの、六八年の価値への忠実さそのものと思われているアビー・ホフマンについては、D・コーン゠ベンディットが、ホフマンの行為の誠実さを把握するために、ホフマンとルービンの討論を紹介する仕方を引いておけば十分だろう。「二人は学生連盟に招かれた。彼らは報酬としておのおの一五〇〇ドル受けとった。その会を宰領していたのは大学の教授陣のひとりであった。アビーとジェリーは月に三、四度この種の会合でぶつかりあう。かつての学部の教授たちと同じように、それぞれ自分の演壇に陣取り、活発でしかも自分たちと共犯関係に入るのを厭わない聴衆を前にして、彼らはこの弁論試合をおおいに楽しんでいるらしく、この戦闘を糧として生きている」[14]。A・ホフマンが、魅惑された聴衆に向かって物静かに「民主主義は肱掛椅子に座って見物する見世物ではなく、それに参加すべき決定的な行動なのだ」と宣言する時、彼が聴衆を説得しようなどとはまったく考えていないことはわかってもらえるだろう。フランスの状況はアムステルダムやニューヨークの状況ほど戯画的ではないが、それでも診断はほとんど変わらないし、いい気になってその診断を主題にしてベストセラーを書くひとびともいる。こうした状況を前にして、六〇年世代の「怠惰」[15]、あるいは裏切りについて語っても、よく考えてみれば六〇年代の戦闘的個人主義の可能な展開のひとつ、そしてけっきょくのところもっとも論理的な展開にすぎないものの理解が容易になるわけではまったくない。今度はカストリアディスとではなく、F・ガタリと共著で書かれたD・コーン＝ベンディットの最近のいくつかの著作がそのことをはっきりと証拠立てている。F・ガタリは、彼のドゥルーズとの共同作業によって、カストリアディスが告発する「フランスのイデオロギーのばかげた思想」のすばらしい代表者である。「目的は現在進行中の諸問題の全体を覆うようないくつかの一般的言表についておおまかなコンセンサスにたどりつくことではなく、われわれが多様な《ディサンスュス》意見の文化と呼ぶ、個々の立場を深化する方向に、また個人をも人間の集団をも再び個別化する方向にはたらく文化の発展を助けることである。同じものの見方に合意したと言い張るとはなんと愚劣なことではないか。移民、フェミニスト、ロックンローラー、地方主義者、平和主義者、エコロジスト、コンピューター愛好者、人間はこれほど多様なのだ。めざすべきは、彼らの差異を消し去ってしまう綱領上の一致などではない」[16]。このテキストは、六八年と八六年との関係をようやくはっきりとした形で、また目印が見える形で打ちたてるという意味で十分に徴標となるものである。ここで重要なのはもはや伝統や位階制《イエラルシー》の批判ではない。またそうした批判がどんな形であれ直接民主制に具体化されることではさらにない。何よりも重要なのは、こうした批判がなされた後で、個人が持つ「自分自身であること」の絶対的な権利を強く主張することなのである（ここにおいて問題になっているのが「自我論的《エゴロジック》な」個人主義の明白な現れのひとつであることをどうして否定できよう）。彼らにとって大切なのは、もはや、どんなものであれ外的な規範によってみずからを測ることではなく、自分の個別性を自己肯定する行為において、可能な限り満足のいく表現にたどりつくことなのである。このような展望のもとでは、語源的な意味においての、すなわちそこにおいて、互いの自由を損なうことなく、法律や全体の利益についてのコンセンサスを生み出すために、議論・討論によって互いの差異を乗り越えることをめざす公共の空間としての共和国の諸価値は一掃され、新右翼でさえ自分のものとするのをためらわないだろう言説に場所を譲ってしまう。もし異なる人間集団、異なる文化が互いに意思疎通をすることができないならば、もし互いに共通の価値に準拠するということが普遍の名において犯される暴力にすぎないとすれば、個人をどんなものであれ公共の空間に統合しようなどと企てることは実際ばかげたことである。この論理に従えば可能な結論はふたつしかない。ひとつはフランスをフランス人に、という結論であり、もうひとつは共和国を解体して、遺伝的に伝えられた個別性を乗り越えて他の集団と意思疎通をすることができないので、自分たちの集団に閉じこもる共同体というロマン主義的世界観に立ち戻るという結論である——個人主義もここまで押し進められると、いわばその反対物に転化する。コーン＝ベンディットとガタリのテキストは、ドゥルーズを中継として、差異への権利という六八年世代のイデオロギーと「差異の哲学」としての六八年の思想とのあいだの関係を打ちたてるという意味でもやはり徴標的である。

(三) これが、カストリアディスがわれわれに対し「六八年〈五月〉の誤った分析をしただけでなく、さらに〈五月〉の事件とそれとはまったく無縁の一群の思想家とのあいだに、まったく偽りの結びつきを付け加えた[17]」と非難したときに犯した三つめの誤りである。その一群の思想家とはすなわちブルデューからフーコー、デリダ、ドゥルーズを経過してラカンにいたる系譜学の思想家たちである。われわれが『68年の思想』において採用した方法についての誤解を越えて――われわれはしかしその序文において、六八年〈五月〉と六八年の思想のあいだにあるとわれわれに思われる関係は原因―結果のそれではないとわざわざ断っておいたはずである[18]――今日はっきりしてきたのは、問題はいまやものごとの根本に関わるということである。もし六八年の思想（あるいはカストリアディスの呼び方に従えば「フランスのイデオロギー」）がふたつの主要な構成要素、すなわちマルクス主義と差異の哲学からなっていることを認めるならば、六八年の思想と〈五月〉の運動の関係は次のように表されうるだろう。まず第一に一九六八年に既成の〈大学〉を「批判的大学」という観念の名において改革すると唱えていたひとびとが、アルテュセールやブルデューの仕事を知らなかったというのは全然正しくない。カストリアディスが考えるのとは逆に「ソルボンヌの壁に書かれた非常に知られた文句――アルテュセ、ー、ル、を、無、に、！[19]」は〈五月〉の運動によって彼の思想があっさりと打ち捨てられたことを示しているのではさらさらない。そもそも彼が当時有名であったことを示しているこの文句は、誰でも知っていることだが、アルテュセールに対する毛沢東主義者たちからの批判（このスローガンが敵視していたのは彼の理論偏重主義であった）を表しているものであり、この批判はもう何年も前からこの古くからの師匠アルテュセールの思想に影響されていた小グループが出もとだったのである。ブルデューについて言えば、一九六四年に出版された『遺産相続者たち[六]』は、われわれが間違っていなければ、社会科学の領域では六〇年代最大のヒット作であったことを思い出す必要があるだろうか。D・コーン＝ベンディットがその本を読んでいなかったということはまったく事態を変えるものではない。たとえばS・ズジェルによって出版された、大学問題について議論していたさまざまの委員会によって一九六八年になされた報告についての資料を見れば「三月二二日の運動」グループを含む運動のどこにでもブルデューの主張を認めることができる[20]。どこに行っても「教師および学生の選抜手続き」、「学校に特有の排除と追放の仕組み」、「親の所属階級の効果」等が告発されているのが見られる。またその資料中にはこんな文もある。「学校機構《システム》と社会機構《システム》の関係が真に変化したかどうかは、学校で得た資格が能力をはかる唯一の基準として機能することをどの程度くいとめることができたかによって測られる」――この主張は「文章作法《サンタクス》が選別において果たす役割」、とくにその文章作法が「洗練」されたものである場合に果たす役割に対する無数の警戒によって、そして当然最終的には高等教授資格試験《アグレガシオン》に対する警戒によって味付けをされている。それも『遺産相続者たち』から丸写しされた文学的な表現によって味付けをされているのである。たとえばこんな具合である。「文学部においては、クラスにおいて教師の役割を果たすべく促される学生は、採点者が自分と共犯関係に入ってくれることを確信して、知識の不足を〈うわべの華やかさ《ブリアン》〉で覆い隠すことに成功する。彼は専門的《テクニック》知識を持っていても、それで成功することは躊躇する。そうした知識は彼を〈くすんだ〉ものに見せるからだ。つまり試験を導く精神は曖昧さの上に成り立っているのだ。教師を採用するのと同時に、エリートを即位させようと望むのだから［後略］」。もう一度繰り返しておこう。ここに引いたいくつかのものと似通った文はそれこそ無数に引くことができるのだが、それらはみな一九六八年五月に学生と教師が集まってつくった複数の委員会による報告の抜粋なのだ。雑誌『社会科学研究報告』(七)から引用しているわけではない。ブルデューの社会学が運動の発生に、また事件の展開に影響を与えたと言うことはばかげているかもしれないが、彼の名前を出しただけで「運動は緊張を失ってしまっていたかもしれない」と言うことは不正確である。彼の名前を持ち出す必要などまったくなかった。それほど彼の主張はいたるところにいきわたっていたのである――それも「左翼」学生や「左翼」教員のあいだにだけでなかったことは、これらの報告に付された署名が示している。

フーコーからラカンにいたる「差異の哲学」について言うなら、〈五月〉の運動の過程ではそれほど表面に出てこなかったとはいえ、この哲学の七〇年代における成功は、もしその成功が〈五月〉の事件とまったく関わりがないものだとすれば、ほとんど理解できないものになってしまうだろう。どうして『監獄の誕生』（八）のような著作が、左翼的文化主義のさまざまな流れにもっとも完成された表現を与えたことを否定できるひとがいるのかわからない。ここでもやはり問題は、八〇年代の個人主義にその最終的な表現を見いだす差異のイデオロギーと、〈五月〉の諸事件との関係のそれである。われわれが先ほどコメントをつけたコーン＝ベンディットとガタリのテキストはこの点について十分な表徴となっており、いかなる疑いも許さない。

### 八〇年代初頭から八六年の個人へ

カストリアディスとわれわれの〈五月〉の解釈を分かつ点はしたがって明瞭である。彼にとっては、戦闘的、反伝統的、反位階制的個人主義は自主管理社会へ向かう指標であるのに対して、同じ個人主義がわれわれにとってはまったく別の意味を持っているのである。〈五月〉の本質は社会的自律性を求める批判的要求に存するのであって、その自律性を内に含みこむようなユートピア的な政治形態に対する執着に存するのではないのだから、あらゆる救世的《メシアニック》企図を去って、純粋に個人主義的要求を表明する八〇年代の個人主義は、〈五月〉の挫折よりはむしろ〈五月〉の真の姿を表しているとわれわれには思われる。フランス革命にとっては共和国に具体化されることは重要であったが、六八年〈五月〉にとって自主管理に具体化されることは重要ではなかったのである。

G・リポヴェツキが『空虚の時代』において非常に巧みに描いたナルシス的個人主義の諸特徴をあらためて繰り返すことは止めておこう。この試論の冒頭でも述べておいたように、気がつかねばならぬのは、このナルシス的個人主義が、ここ数年前から、法《ドロワ》を再評価しようという非常に強い動きとなって現れていることである。この法の再評価の問題は、われわれも一九八五年の『政治哲学』第三巻ですでに論じておいた。

ここ数週間、新聞雑誌の論調を支配していた分析が言うのとは逆に、一九八六年一二月の運動と八〇年代のあいだに断絶などはまったくない。八六年の運動はいかなる意味でも一九六八年の特徴であった救世的な要素への復帰ではない。すでに先に引用した対話でM・ゴシェがいみじくも指摘していたように、八六年の運動は八〇年代初頭にあった自己中心的なものの考え方をさらに押し進めたのである。これだけは確実に言えるが、この運動は現実に存在する多くの不平等についてほとんど考えることをしなかったのである。この運動は既得権を守ることをめざすことで満足し、〈大学〉に入学選抜試験があろうがあるまいがそれとは関係のない理由によって、同じ年齢の圧倒的に多数の若者にとっては、いずれにしても、〈大学〉への道は閉ざされていることを忘れてしまっている。実業高校の生徒たちが出したプラカードがそのことをはっきりと表明している。「大学生諸君、君たちにはこの社会を管理するように、われわれにはそれを生産するように求められている。もし君たちが動き、われわれが動くなら、すべてが動くかもしれない。だが君たちが単に〈タピのまね〉(九)を演じてみたいだけなら、もし君たちが単に合法的にこの世界を管理したいだけなら、そして安上がりに教育者、ソシアルワーカー、文化センターのリーダー、労働監査官、管理職、社会学者、心理学者、ジャーナリスト、人事管理の責任者になって、明日にはわれわれを教育し、生活援助し、文化活動の指導をし、監督し、情報を与え、指導し、働かせることを望んでいるなら……勝手にしやがれ！」[21]。自分たちの仲間内の問題と、自分たちの運動を組織するのに手いっぱいの大学生たちが、このような言葉で自分たちの運動の意味を分析することがなかったことは容易に認めてもらえるだろう。「不平等」、「タピ的〈大学〉」の「容赦のない競争」、を問い直そうとしているとされた運動の「心の寛大さ」をブルデューのような社会学者、そして彼とともに多くの知識人が絶叫し、宣言したことは、平等主義的な言説の陰に隠された現実の不平等を暴くことをみずからの責務としてきた「科学者」たちの奇妙な盲目を示している。

このように確認したからと言って、この運動のなみはずれた順法主義的、民主的性格を強調し評価することが禁じられてはならない。学生たちはストを投票によって決めたにとどまらない。一九六八年との大きな違いだが、投票の形式にもおおいにこだわり、無記名投票をさえしばしば取り入れ、少数意見をも十分に尊重したのである。学生運動の歴史始まって以来初めて、議会の前での集会もおこなった。その理由は、集会参加者のひとりが言明したように「重要なのは、自由についても平等についても語っている憲法を尊重すること」だったからである。この意味で、一九八六年一二月の運動は疑いもなく、ソヴィエト体制というモデルへの準拠がまったくなされなくなるのに並行して盛んになってきた、あの法への復帰の系譜に位置づけられる。八六年の個人は、選挙が「愚か者どもにしかけられた罠《ドロワ》」と見なされることも、また、そうすべきだから言うのだが、一九六八年ナンテールの学部の上に巨大な文字で書かれたスローガンの表現を用いれば、法が「労働者階級のオカマを掘るためのワセリン」と見なされることも、もはや受け入れない。集会における発言はしたがって本当に自由なものであった。もっとも、残念なことに、この自由は大学問題についての多少とも深みをもった省察となって現れることはなかった。

先に個人主義の概念の分析において示しておいたように、この順法主義的、さらに言えば公民精神にあふれた第二の側面が、運動の仲間内的性格とつりあいを保っているということは、この第二の側面が仲間内的性格が由来する原則と根本的に異なった原則に由来するということを意味しない。六八年の戦闘的個人主義はこうして、互いに異なった方向を向いたふたつの結果を生み出したと言えるだろう。しかし違う方向を向いているとは言っても、このふたつの結果は互いに矛盾するわけではない。伝統と位階制《イエラルシー》に対して、偉大な救世的企図の名においてなされる批判の後に、自己への配慮の時がおとずれ、また議論によって、自己の内に、自分が参照する価値を正当化する方法を見いだすという義務が生じてくる。〈五月〉の批判的精神は、これを倒錯的と言っていいかどうかわからないが、結果として、あらゆる議論と、価値論的討論の欠くことのできぬ枠組みとして再び法《ドロワ》の価値を認めることを必要としたのである。

六八年の思想が今日まで「多様な意見《ディサンスュス》の文化」を守らねばならない、そして「司法のモデル」のごまかしを暴かねばならないと信じてきたこと、またそれがいまだに「個別の立場を深化させること」「個人と人間集団を再び個別化すること」をわれわれにすすめていることは、いかにそれが時代の闘いに遅れているかを示すものである。

# 第三章　フーコーとドゥルーズ――生命主義 対 法

法《ドロワ》を大げさに準拠対象にするという特徴を持った強力な学生運動が再び起きたという事態が一九八六年末の社会的事件だが、思想分野におけるこの時期の特徴は、六〇年代にもっとも注目されていた諸思想のいくつかのものの真の射程についての議論が継続しておこなわれたことである。たとえば、ラカンの教説の力強い弁護と称揚が展開され、フーコーの著作について始められた議論によって、ひとびとは「人間の死」を始めとする主題を再活性化させようとする、またフーコーの作品の潜在的射程を法哲学の分野で利用しようとするさまざまの試みに立ち会うことができた。こうした現象はそれ自体そんなに驚くべきことではない。こんな現象は一般的に言って思想の世界では当たり前のことだし、この場合に限ってみれば「世代の」論理とでも呼ぶべきものに依存している。この点に関してはG・ドゥルーズがM・フーコーについて書いた著作が、いくつかの鍵となる重要な主題の周りに互いに互いを還元しえないさまざまな哲学的企図を、六〇年代に、事実上結集させた深い連帯を示す証言であり続けるだろう。

彼らの思想の再検討という事態を前にして、このような防御の努力がなされることは理解できるし、またまったく正当なことであるが、しかし彼らの統合主義には、この間に生じた社会的・政治的変化を考えると、どこか逆説的なところがある。もったいぶらずに言ってしまおう。社会運動の、とくに学生の抗議行動の過程において、しばしば法への参照がおこなわれたが、この動きを「六八年の思想」の用語を用い、またその原則に則っては、分析することも正しく評価することも困難だとわれわれには思われる。だがフランスの知識人世界は、フーコーの遺産を通じて、この「六八年の思想」の主題のうちもっとも目立つもののいくつかを生き残らせようとしたのである。この意味において、その価値観の一部において、また大部分の当事者の言によれば、一九六八年への参照をやめようとする社会運動と、「六八年の思想」の主導者たちの遺産を管理し続けようとする知識人世界の努力のあいだに奇妙なずれが生じたように思われる。

はっきりさせておくが、このようなずれは、それ自体アプリオリに、問題となっている社会運動と知識人世界のいずれに対しても反論となるわけではない。したがって、まず、なぜそのようなずれが生じるのか、またそのずれの内容はいかなるものかを考え、その後にこのずれの意味を考えるのでなくてはならない。

## 生命主義対人間主義

最近の権利要求運動（とくに一九八六年一一月―一二月の学生運動）において、六八年の思想の諸カテゴリーをもってしては理解するのが難しく思えるのは、繰り返しておくが、法《ドロワ》と法律《ロワ》を再び価値あるものと評価しようとしているという点である。われわれはすでに数度にわたって、フーコーの、また他の数人の仕事の重要な構成要素として反法律主義があることを強調してきた。[1] G・ドゥルーズの最近のエッセーを見ると、彼は、フーコーが「人間の死」を宣言したことが許せずに「フーコーは人権を脅かしている」などと言っているひとびとの「愚かさ」を告発すべきだと思いこんだようだ。[2] こうして彼は、「フーコーに反対して、人権についての普遍的で永遠の意識を引き合いに出す」「愚か者たち」に、彼らをけっきょくは名指すことなく嚙みつき、このような愚か者たちの意見を、「愚劣にすぎ、粗雑にすぎる思考、自分を養っているもの（一九世紀以来の近代法の変形）についてすら無知な思考[3]」のせいにしている。議論され反駁されたと言うよりは、むしろこのように侮辱された愚かさ、ばからしさにもかかわらず、多少逆説的だが、次のように断言する時、ドゥルーズはそのような意見に手短に返答しようとしている。「既成観念にもとづく言説が言ったこととは反対に、抵抗するために人間を引き合いに出す必要は少しもないのだ[4]」。一九八四年（サヴァリ法案）にもまた一九八六年（ドゥヴァケ法案）にも、社会の相当部分が動員された抗議運動という現象によって提起される問題の中心は、まさにこの点にあると思われる。その問題は法《ドロワ》についての省察においては、そもそも非常に古典的とも言える、不当と見なされた法律（あるいは法案）に対する抵抗という問題である。近代の自然法の伝統においては、法（法律としての、あるいは実定法としての）の拒否はどのような法的権利《ドロワ》に基づいてなされうるかという問題は、多くの場合、人間が人間として持つ当然の権利《ドロワ》（自然権）という概念が表そうと試みる正当な権利という観念を基準にすることによって解決されている。いくつかの点で一八世紀末の人権宣言を到達点とするような自然権学派《ジュスナテユラリスト》にとっては、実際実定法をこのような基準とつきあわせて測りうるということが、批判（たとえば法律に対する批判）に、あるべきものの名において現にあるものを批判することを許す外在性（既成の法に対する）の次元を与えていたのである。このような批判の機能が、人間的なるものの諸価値に超実定的仕方で依拠することと分かち難く結ばれているわけではまったくないと主張するために、フーコーの著作に一貫性と射程を与え直そうとするドゥルーズの努力は容易に理解できる。もしフーコーの言説が根本的に反法律的ととらえられるべきものではないとすれば、その言説はすでに死が宣告されていた人間を基準とすることなく、権力に対する抵抗——たとえそれが法律の権力に対するそれであっても——という現象を説明できるのでなければならない。しかしこのように素描された試みが非常に困難であることもたやすく理解できる。もし「抵抗するために、人間を引き合いに出す必要はない」とするならば、権力への抵抗や実定法への批判を可能にする、権力や実定法に対する外在性の次元をどこに見いだすことができるだろう。ドゥルーズの答えは次のようなものである。「外部から来る力、これはフーコーの思想がそこでその頂点に達した〈生〉についてのある考え方、ある種の生命主義ではないだろうか」。そして、ドゥルーズによればそこでこそフーコーはニーチェを再発見する。とするなら、論争の核心にある真の問題は、フーコーの思想が、このような生命主義を通じて疑いもなくその刻印を帯びている「深いニーチェ主義」[5]と両立しうるような抵抗の思想（とくに法律への抵抗のそれ）が本当に存在するのかどうかを知ることである。言い換えれば、〈生《ヴィー》〉の哲学としての「ニーチェ主義」は、不当な法律に対する抵抗を考えることを許すと同時に、いまや知的であろうするなら引きうけることができないとされている法的人間主義の諸価値への準拠をせずに済ますような政治哲学を育むことができるだろうか。

## 政治的なるもののニーチェ的基礎

この生命主義という選択の意味と潜在的可能性を検討するために、フーコーの「ニーチェ主義」の特性を定義するものを表現しようとして、ドゥルーズが用いる定式を導きの糸とすることができる。「フーコーの一般原理とは、どんな形態もさまざまな力からなる諸関係の構成体《コンポゼ》である、ということである」(6)。この定式と、ニーチェにその源泉があるような生命主義のあいだの関係はいかなるものだろうか。この論争は重要なものなので、このような立場のニーチェにおける基底の論理がどのようなものであるか、手短に再構成しておくのが適当であろう。

実際、ニーチェにおいては、三つの主張がなされ、それらが相互にきわめて明確に位置づけられている。

（一）まず、現実は、その一般性においても、またその諸様相の多様性においても〈生《ヴィー》〉という観念との関連で考えられねばならないとする主張である。「生は［中略］、われわれにとって、存在の形態のうちもっともよく知られたものである」(7)。あるいはまた存在の表象として「われわれにあるのは、生きるという事実だけである」(8)。ここにこそ、ニーチェの生命主義がある。それは不動性／永遠性／不易性としての存在の（「真に実在的な」ものの）形而上学的（プラトン的）概念を打ち倒そうとする意志を起点として理解される。形而上学的には実在と見かけの区別に対応するとされる存在と生成の古代からの区別に反対し、存在を生と考えることは、すなわち実在を変化の、変容の、固定することの不可能な多様性の観念のもとに考えることであり、要するに実在を〈歴史〉の観念のもとにおいて考えることにほかならない(9)。

(二) 次に、その生は、力《ピュイッサンス》への意志として考えられるべきだという主張である。「私の定式はこうである。生とは力への意志である(10)」。あるいはまたツァラトゥストゥラの公言するところによれば「私が生ある者を見いだしたところ、そこに私は力への意志を見いだした(一)」。ここから結論されるのは、もし存在は生であり、生は力への意志であるとすれば、力への意志こそ「存在のもっとも奥深い本質(11)」であるということである。言葉を換えて言えば、あらゆる現実の根底には力への意志があるということである。「内側から世界を見れば［中略］それはまさしく力への意志であり、それ以外のなにものでもないであろう(12)」。

(三) ところで、ニーチェが倦まず説き続けるのは、力への意志とは実際には、さらなる力への意志であるということである。そこから先の主張をさらに明瞭化する第三の主張が生じる。それによれば、生とは「本質的に、さらなる力を得ようとする努力(13)」であるのだから、現実はそのさまざまな局面のすべてにおいて、力を求めるための数多くの闘争として把握されるべきであり、そこにおいては支配の関係によって打ちたてられるようなどのような状態にも、なにものもけっして固定化されることはない。このように把握されれば、現実はその本質において無数の力関係によって構造づけられることになり、そこではそれぞれの力が自己の支配の強化のために、言い換えればその権力の強化のために戦うことになる。これこそまさにドゥルーズがフーコーのニーチェ主義の「一般原則」を示すのに用いた定式がかなりよく表明していることである。「どんな形態もさまざまな力からなる諸関係の構成体《コンポゼ》である」。これは以下のように理解すればよい。現実の（あるいは歴史の）内に生じるすべてのこと、現実がその絶え間ない変容の過程でとるあらゆる形態は、力への意志としての、力とその持続的増大を求める闘争としての生の発現にほかならず、したがって権力を求めて闘争状態にある諸力間の単純にして純粋な力関係に還元される。

この三つの主張の連関は社会的・歴史的領域においても有効である。そしてフーコーの著作が生についてのこのような考えを起点として探索に没頭する対象として選択するのは、まさに現実のこのような側面なのである。こうして社会的面から見た場合においても、また歴史的面から見た場合においても、すべては「権力の観点から」分析されねばならないとする、フーコーの確信が説明されるようになる。「権力の観点から」の分析とは、すなわち、すべての歴史に内在することがらを、「それらが行使される領域に内在する無数の力関係」が刻み込まれた「終端的形態」と見なして分析する方法に従ってということである。[14]しかしながら、このニーチェ主義の適用が開いてみせる政治表象の型式は、明確に評価しておかなくてはならないし、とくにこの適用によって、政治的なるものへの伝統的アプローチが余儀なくされた変化の規模の大きさと意味合いを正確に測らなければならない。実を言えば、この変化の本質は、権力を法《ドロワ》の観点から分析することをはっきりと拒否するという点にあるのである。

「もはや法をモデルとも規範ともしない権力分析論」

権力を法的な仕方で分析することを放棄するというこの点に、フーコーは政治的なるものについての自分の省察の主たる独自性を位置づけようとしていたが、[15]この放棄はすでにニーチェが法《ドロワ》を「現在の力の均衡状態に満足できるという場合に、それを永遠化しようという意志」[16]と定義した時に、すでにはっきりと姿を現している。ここではすでに、法は、ある瞬間における、定義上そもそも不安定な諸力の関係のある種の均衡が示される社会形態、あるいは文化形態のひとつにすぎず、したがってそれは複数の力への意志のあいだにおける闘争のある瞬間を、現在の均衡状態に「満足した」ひとびと、そしてその均衡状態をさらなる力への飛翔の支えとしようとするひとびとの利益になる、つまりはニーチェが「強者」と呼ぶひとびとの利益になる瞬間を示しているにすぎない。要するに、この意味では法はつねに最強者のための法なのである。したがってここには、新たに設定された哲学的基礎から出発して、いくつかの違いはあるものの、マルクス主義の伝統の側からも説明されていた法の概念の本質的要素が再び見いだされることになる。もっともフーコーはこのいくつかの違いを非常に巧妙に、細心の注意を払って鮮明に浮き彫りにしようと努力をしている。[17]

こうしてとりわけ、フーコーにおいては、マルクス主義がしたように権力の問題を矮小化すること、「権力関係の原理として、また全体の母型として、支配者と被支配者という二項からなる全般的な対立」を指定し、この母型となる対立（支配階級／被支配階級）を権力関係自体の外部にあるような関係（この関係とは経済関係である。マルクス主義においては権力関係はこの経済関係がまとう偽装にすぎないと言えるだろう）の類型中に位置づけることによって、この権力の問題を矮小化することはない。ニーチェ主義者としてフーコーは、ただひとつの権力関係が存在するという考え方を拒否する。そして全体化されない権力関係の多様性が存在し、そこではさまざまの関係が互いに還元されることもなければ、支配階級／被支配（被搾取）階級という関係にも還元されることもなく、またひとつの関係が他の関係に層状に重ね合されることもないとの仮定をおこなう。「権力はいたるところにある。権力があらゆる瞬間に、あらゆる地点で、というかむしろ、ひとつの点から他の点への関係があるところならどこにでも発生するからである」[18]。権力という現象を、その下部構造となるであろうような「他の型式の関係に対して外在的な位置にある」〔強調はフェリーとルノーによる〕と見なすことを拒むことで、逆に権力関係はあらゆる関係の型式に「内在」しており「権力関係は上部構造の位置にはない」と考えられるのであり[19]、ニーチェにおいてすべての到来することがらの中に示されていたのが力への意志であったのと同じ意味で、むしろ他のすべての形態の関係や社会的行動を生み出す（あるいはそうした形態において権力関係が生み出される）と考えるのである。したがってマルクス主義とは異なり、ここで企図されているのは、一個の「巨大な」権力関係（搾取者／被搾取者）、他のすべての権力関係を自己の内に包含できるような巨大な権力関係の存在をアプリオリに想定することなく、社会という場においては、互いに絡み合った無数の権力がはたらいており、その向こう側（そしてこちら側）にはそれらの権力の基礎と同定しうるようなものはもはや何もないということを前提とする「権力の微小物理学」[20]であるということを絶えず思い出していただきたい。支配を搾取から「演繹」しようとするマルクス主義の意図とは逆に、権力は歴史的・社会的現実を構成するアルファにしてオメガであると考えられることになる。

このような違いに疑いの余地はない。しかしそれでも変わらないのは、法の価値を失墜させようとする原理自体である。法は、そこに権力関係が結晶化する形態のひとつにすぎないもの（力への意志の表明、あるいは自己を表明する力への意志）へと還元されてしまっている。このことにより、フーコーにおいてもなお、法のあらゆる系譜学的アプローチが、それがマルクス主義的様態でなされようと、ニーチェ的モデルに従ってなされようと、免れえない三つの主要な結果が残ることになる。

（二）　法の領域を偽装された暴力へと還元すること。言い換えれば、戦略という観点からの法へのアプローチである。ドゥルーズが冷静な調子で書いている。「フーコーは法律がひとつの平和状態ではなく、また勝利した戦争の結果でもないことを示す、つまり法律そのものが戦争であり、この戦われている戦争の戦略なのである」(21)。法的なものを（そしてあらゆる社会形態を）戦略と見なすこのような考えを前にしては、この点に関しても、フーコーの試みは、マルクス主義から出てきたものと同じく、そしてそのようなものからフーコーの試みを区別するものにもかかわらず、ひとつの共通の知的構造の中に位置づけられるにいたると評価しないわけにはいかなくなってくる。P・ブルデューと、彼流の、すべての社会現象を支配／卓越《ディスタンクシオン》化の技術として分析する、戦略をキー・ワードとする分析を思い起こさずにはいられなくなるからである(22)。この点から考えるなら、ドゥルーズが、フーコーの法律を「戦争」として把握する仕方を浮き彫りにしたのとまさに同時期に、ブルデューが意味深くも『法の力』と題された長い論文の中で、「権力の領域において法の領域が占める包括的な地位」を暴露し、法のはたらきにおいてはいかにすべてが「社会の再生産」に、すなわちすでに存在している社会的力関係を永続化することに貢献している

かを示そうとしていたことは意味のないことではない。(23)

（二）マルクス主義にも共通する、法への系譜学的アプローチのもうひとつの避け難い効果がある。権力を法という観点から分析することに対する拒否がそれである。(24) 実際フーコーの分析がその中に位置している「生命主義的」展望においては、「権力についての法的‐言説的概念」（それによれば、権力の役割は法を言うことであり、法律を発することであり、そしてこのようにして発せられた法律に従って行動することであるとするような法概念）は、皮相なものとしか見えず、また非常識なものとすら見えるかもしれない。たとえば、ある権力が法の名において、法が定める規則を逃れていると批判されるとすれば、法の規則（法律）は権力を評価する際の原則として打ち立てられることになってしまう。しかし実際には法律は「さまざまな力の諸関係の構成体《コンポゼ》」にすぎないひとつの社会形態として把握されねばならないだろう。言い換えれば、法律が力への意志としての生のひとつの形態にすぎないとしたならば、それは権力について判断を下したり、場合によっては権力を批判することを可能にする政治を超えた《メタポリティック》準拠対象にはなりえないだろう。

　フーコーがきわめて論理的に明確化するように、権力を法の観点から分析することに対するこの拒否は、さらに徹底され、権力をその法の規則への準拠（換言すればすでに制度化された法としての法律、実定法としての法律への準拠）によって分析・評価するやり方のみでなく、「はるかに徹底的」であろうとして権力をなんらかの「根本的な法」[25]を基準としてそれを参照することによって理解しようと試みるようなアプローチまで対象に含まなければならない。実際——ここで標的にされているのはとくに自然権主義的《ジュスナテュラリスト》伝統の総体なのだが——「権力は本質的にかつ理念的に根本的な法に従って行使されねばならない」ということを公準として規定しても、やはりそれは法に（この場合法という観念に）、（権力に対する）規範的価値を認めることである。だが法の規範的価値が意味を持ちえるためには、それが権力という現象に対して外在的であるということが可能だと前提しなければならないだろう。ところで「どんな形態もさまざまな諸力の関係の構成体《コンポセ》である」と考える場合、このような外在性は幻影としてしか現れえない。このことは、実定法（法律）という社会形態のみでなく、「根本的な法」の観念（このような観念が自然権という概念の形をとろうが、また他の考えうる形をとろうが）というもうひとつの（文化的）形態についても言えるだろう。実際このような生命主義にとっては、文化的、あるいは知的形態が、法的形態（法律）以上に、すべての到来することがらは力への意志としての生の展開に内在する、すなわち権力関係の複雑な織物に内在するとする原則を逃れられるわけではない。

生の展開（もしこう言ったほうがよければ歴史）を超越するいかなる審級をも認めないことによって、フーコーの哲学上の出自を示すこの「深いニーチェ主義」は、その定義自体によって、法が、その法の規則（法律）としてであれ、また根本的な法（正義の観念）としてであれ、現実という織物を織る権力の重層的なネットワークに対して一瞬でも外部に位置しうるという可能性を認めない。したがって、このような展望においては、権力のネットワークを法の（法律のあるいは根本的な法の）観点から分析したとしても、それは権力を考察するために、権力の展開自体に内在する視点を取るようなもの（したがって権力によって罠をしかけられ欺かれた視点になる）にすぎなくなってしまうだろう。こうして『知への意志』は、政治的なるものの法的見方（「法が権力の形式そのものであり、また権力はつねにまさに法の形において行使されるものだという原則」[26]）は、実際には権力の歴史の非常に局限された一段階、とくに中世の君主制の誕生に結びついていることを立証しようと努めることになる。統一的全体としての国家がさまざまの封建的権力の上位に立つものとして形成されるのは、国家がみずからに、法を告示し、地方権力間の争いを裁定し、彼らの領地間の境界を決定し、彼らのあいだに位階秩序《イエラルシー》を定める法的権利《ドロワ》を与えることによってなのである。したがって、法《ドロワ》を表明する者として現れる君主は、自分のために、法がある場所としての権力に関するある種の表象をつくりあげるのである。現実《レエル》についての彼の根本的テーゼのレベルにおいて決定されるいくつかの論拠によって、いかなる「形態」も、生、あるいは歴史に対して自律的でも、超越的でもありえないと確信しているフーコーは、彼によってこのようにその生成を素描された（もとよりその生成は興味深いものではあるが）ものが、その生成の条件を免れるなどとは、またその意味と射程がすべてそうした条件に還元されずにすむとは考えてみることもできない。このような系譜学にできることは、権力を「法と暴力の問題、法律と違法性の問題」を出発点として分析することは、権力を「われわれの社会に特有の歴史的形態、すなわち法的君主制[27]」を出発点としてのみ考え、また分析することであると、フーコーをして評価させることでしかない。法的君主制はまさに「特有の」形態、したがってまた「過渡的な」形態である。なぜなら、たとえ君主制権力が威をふるうために、上に述べたような自己自身の表象を必要としたにせよ、君主制権力はその後発展し、もはや単に法を表明するということに還元されないさまざまの形態を獲得したからである。(28) 要するに、法的なものは、権力のある形、権力の(歴史的に位置を限定された)ある瞬間を表象しまた考えるために役立ったが、われわれはおそらく、「法的なものが権力に規範を与えること、法的なものが権力の表象になることがだんだん難しくなるような種類の社会に、ここ数世紀のあいだに」入ったのである。ここから当然次のような結論が出てくる。いまや、権力を「法の機構《システム》」(29)とする表象からは解放されなければならない。したがって権力の分析論においては、もはや「法をモデル、規範としてとる」べきではない。すなわち権力の系譜学を仕上げたいまとなっては、権力を法の観点から分析することを放棄し、逆に「法の機構《システム》」を権力の観点から、したがって断固として戦略的なモデルに従って分析しなければならない。

(三) このような「法的モデル」の放棄が、フーコーにおいて、ここでもマルクス主義の伝統においてと同様、法への系譜学的アプローチの第三の効果を、すなわち法治国家《エタ・ド・ドロワ》の価値低下を随伴することはたやすく理解していただけるだろう。もし法律が「戦争それ自体」であるとするなら、法治国家の価値を評価することが法律の神聖視につながるのは、ある戦略の枠内においてのみ、この価値評価それ自体がその一局面にすぎないような支配のプロセスの枠内においてのみである。このような条件のもとではドゥルーズも認めるように、「フーコーは法治国家の崇拝にくみしたことは一度としてない」としても、またドゥルーズの言うように、権力の「法律尊重主義的概念はその抑圧的概念よりましなものではない」[(30)]としても驚くべきことではまったくない。実際どちらの場合においても、問題になっているのは単に支配のための複雑な諸戦略にすぎず、一方の名において他方を裁くことではなく、その双方の生成の過程を理解することこそが重要なのである。

その効果における、マルクス主義的アプローチとのこの三重の一致を通して、フーコーによる権力の分析論が法治国家の諸価値そのものを疑問に付すにいたるということは、実を言えば、その分析論の論理からして当然の帰結であり、その帰結から導き出されることのゆえに注目に値するにせよ、いずれにしてもそのこと自体としては、こうした道をとらせた哲学上の選択への反対理由となるものではないだろう。実際ここでも、もし批判がなされるべきであるとするなら、それはわれわれにとっては、内在的なものであらねばならないし、またしたがってこのようなやり方に対し、そのやり方の原則自体によって政治的なるものの理解のための有効性に疑義が唱えられている諸価値（法の諸価値）を対置することもできないことは明らかである。確かに、われわれがすでに先に予告しておいたように、こうした場合に、最近のもっともめだった諸局面（人権の復帰、非常に強力な法治主義へと向かう社会の動き等）において法に重要な位置をふたたび与えようとする政治的現実と、その本質において反法律的な思想形態が思想的になお生きながらえていることのあいだに生じる驚くべきずれが認められるだろう。しかし繰り返すが、このずれは議論するに値しない[31]。現実はけっきょくのところ「幻想によって欺かれたもの」であるかもしれず、その分析が実り多いものであるためには、権力の「法的‐言説的」表象の維持を通して表現されるものをも含むかもしれない一定の数の幻想からあらかじめ解放されていることがその前提となるかもしれないからである。実際生命主義にはこれとはまったく別の、議論の余地がほとんどない困難がともなう。

## 権力と権力に対する抵抗

フーコー、そしてドゥルーズの主張に着想を与える、哲学におけるニーチェ的な選択の限界は、この選択から出発して権力への抵抗という現象、とくに不正と見なされた法律に対する抵抗という形態をはっきりととるような現象の考察を試みようとすると明瞭に現れてくる。生命主義の光学《オプティック》からすると、実際すべてのものは権力、すなわち形をなし結晶化した力への意志である。したがってここに示されているのは「権力の遍在性」という観点であり、フーコーはそのことをはっきりと言っている。「権力がその無敵の統一性のもとにすべてを再統合するという特権を有する(すなわちフェリー、ルノー流に言えば権力が抑圧的である)からではなく、権力があらゆる瞬間に、あらゆる地点で、というかむしろ、ひとつの点から他の点への関係があるところならどこにでも発生するからである」。要するに「権力はいたるところにある。すべてを統轄するからではない。いたるところから生じるからである」(32)。フーコーがこのように言うのは、力への意志がニーチェによって「存在のもっとも奥深い本質」として開示されたというまさにその意味においてである。このようにして設定されたのは、純粋に内在的な思考の枠であることを理解していただきたい。そこではいかなる仕方でも生、すなわち権力の諸関係を超越するものは何もない。したがってなにものも政治《メタポリティック》を超越する項とは見なされえない。ところですべてが権力に内在的であるとするなら、この「戦略的モデル」に則って、どんなものでもよいが、ある社会的動きを権力への抵抗の現象として把握することがいかにして可能であろうか。どんなものでもよいが、そこから「抵抗」をこれと指し示すためにどこに身を置くことができるだろうか。

社会の創造性のさまざまな面に注意を怠らないフーコーが、彼の政治的なるものについての戦略的分析の全体的配置の中で、抵抗が現れる地点の出現によって提起される問題に重要な位置を与えていたことは予測がつく。戦略的モデルは、実際たやすく抵抗の出現を考えることを許すと彼は強調している。「権力があるところには抵抗がある」[33]。というのも、権力とは諸力の関係であり、それぞれの力はさらなる権力のために戦っているのであり、したがってその力を支配しようとしている力に抵抗しているからである。要するに、抵抗とは「権力の関係におけるもう一方の項」[34]であり、もし「権力がいたるところにある」とすれば、「抵抗が姿を見せる場所は権力のネットワークのいたるところにある」と言うことも同様に真実なのである。政治的なるものを分析するにあたって、法的モデルに代えるに戦略的モデルをもってすることは、したがって、この点に関して言えば、特段なんら困難を生じさせないように見える。だが問題をより慎重に検討してみると、少なくともふたつの問題が現れる。

（一）　もし抵抗が、権力の単なる相関項と考えられるべきであるとするなら、つまり抵抗は「権力に対して外在的な位置にはけっしてない[35]」とするなら、それをとくに抵抗として、権力に付随する他のすべての現象と同じ資格（つまり抵抗の中にも力への意志としての生があるという資格）の現象ではないものとして指し示すことを許すものはいったい何だろうか。言い換えれば、ここで権力と権力に対する抵抗とのあいだの区別はまったく慣習的なものに、そのうえ恣意的なもの、あるいは言葉の上のものにすぎなくなってしまうのではないだろうか。でなければ、力への意志としての生のこのふたつの面のあいだに、本性上の、あるいは価値の違いを再び導入することになるが、採用されたモデルの枠内でこのような違いがどのようにして根拠づけられるかはまったくわからない。この最初の問題については、ニーチェがしたように、生の運動それ自体を代表する能動的力（「上昇的」な力への意志）と、「デカダンな」力への意志を示す、生を石化し、すでに獲得した権力を保とうとする純粋に反動的な、あるいは防衛的な力を区別しようとすることに解決の道を探すことが確かにできるかもしれない。その場合、能動的力には抵抗の現象が対応し、反動的防御的力は狭い意味での権力の位置に具現されることになるだろう。だがこのような解決策は、ほとんどそれが解消するよりさらに多くの困難をもたらす一時しのぎの策にすぎない。なぜならすべてが均質的に「生」であるような展望において、何ゆえに「休止」を「デカダン」と見なして、とくに「運動」(「上昇的」な力への意志)を価値あるものとせねばならないのか。そのようにすることは、それまでの分析が、現実の一切を、生のいかなる部分をも区別することのない統一の中に解消することによって、必要なしとしてきた価値判断をひそかに介入させることにほかならない。このような価値判断が実際おこなわれていることを、たとえばドゥルーズの最近の対談が示している。そこで彼は「今日思想がうまくいっていないとすれば」それは「運動、ベクトルという観点からのあらゆる分析が阻害されているから」であり、そしてそれが阻害されているのは、もちろんたとえば人権のような「永遠の価値」への復帰のゆえであると説明している(『ロートル・ジュルナル』、一九八五年、第八号)。このような「運動」への価値付与に注意を向ければ、フーコー＝ドゥルーズ的な言説がいかにしてH・アーレント(二)のそれのような批判の餌食となるかを示すのはたやすいことだろう。彼女は『全体主義の起源』の中で、諸概念が達成した法の解体を告発していた。その諸概念のゆえに、法律は「人間の行動や運動がそこでおこなわれうる安定した枠を形成するのではなく、［中略］その運動自体の、つまりは歴史の表現となってしまった」というのである。さらに重要なことがある。上に述べたことにもかかわらず、彼らの分析の諸原則が、権力と権力に対する抵抗を区別するための価値論的コノテーションをともなった運動と休止の区別の出現と、たとえ両立可能だと仮定しても、戦略的モデルに付け加えられたこのさらなる説明は、けっきょく権力に対するあらゆる抵抗、あらゆる「運動」は、それが「運動」であるからには、生の「上昇的」瞬間を表し、そしてこの意味で正当なものと見なされなければならないと考えることになってしまうのではないだろうか。

（二）　そうだとするならば、もっぱら戦略的な観点からなされる権力の分析論は、不正と見なされる権力あるいは法律に対する正当な抵抗という古典的問題を解決することができない（さらに言えば、その問題を提起することすらできない）ことによって、第二の問題にぶつかることになるだろう。このようなモデルの論理に従って、抵抗は運動であるがゆえに抵抗の対象となる生を石化するものとしての権力より「価値あるもの」であるとするなら、たとえばどのようにして人種差別的な法律に対する抵抗を正当なものと見なす一方で、西欧民主主義権力に対して、テロリストのグループがする抵抗を不当なものと見なすことができるのだろうか。権力はその本性として存在の運動自体を「不動化」するものであるが、もし抵抗がこうした権力の存在論的に不可避の相関項にすぎないとするなら、抵抗の諸現象は法の観点からは分析することができず、それができるのは諸力の関係の観点からだけであることを認めねばならない。だがその場合正しいのはいつも勝者であるということになり、失敗成功の一覧表を通して「世界の法廷」となるのはここでも歴史ということになる。だとすれば、あらゆる抵抗はそれが権力の関係によって引き起こされたということによって事実上正当化されることになる。これは果たして受け入れうる結論だろうか。この結論から生じる多くのアポリアをどのように評価するかについては読者の判断にお任せしたい。

*

ドゥルーズの現在における評価によれば、政治的なるものへのフーコー的アプローチの利点は「既成観念に基づく言説が言ったこととは反対に、抵抗するために人間を引き合いに出す必要は少しもないこと」を示すという点にこそ存する。法的な人間主義の素朴さとは反対に、生命主義は権力の諸現象をすばらしい洞察をもって解釈するための鍵を提供してくれるというのだ。「権力が生《ヴィー》を対象とする時、生《ヴィー》は権力に対する抵抗となる」(36)。この領域におけるフーコーの貢献の主要部分を要約しようとするこのような言表は、残酷なことに、むしろその限界を明らかにしてしまう。これを最後にもう一度この貢献を正しく評価するために、ドゥルーズの定式にそれがはらむすべての可能性を与えてみよう。すると以下にあげるふたつの事態のうちいずれかが成り立たねばならない。

——まずドゥルーズがここでは生《ヴィー》という語をこれまで術語として用いられてきたようなニーチェ的な意味にではなく、非常に平凡な意味で用いているとしよう。方法論的な配慮から一応立ててみたこの仮定に立つ場合、ドゥルーズの文はいかにもありきたりであると同時に驚くほど脆弱なものに思える。というのも、当然のことながら、抵抗の権利《ドロワ》を、権力によって個人の生命《ヴィー》が脅かされる場合に限定することはできないだろうからである。それは著しく矮小化された抵抗の概念であるし、いずれにせよ、非常に広範にわたるさまざまのケースにおいて、どのような時に法律に対する抵抗が正当なものとなるのかという問いにいかなる正確な答えも与えられないだろう。誰でも認めてくれると思うが、不当な法律とは個人の生命《ヴィー》を脅かすそれに限定されるものではない。もしそうならほとんどすべての法律はその点について言うなら正当なものである。

——次にこちらのほうが先の仮定よりずっと正しそうだが、ドゥルーズはこの文においても相変わらず生《ヴィー》という語をこれまで与えられてきたのと同じニーチェ的術語としての意味、すなわち力への意志という意味で用いていると考えてみよう。だがここですぐに権力、あるいは力への意志はつねに他の力への意志に対してはたらくということを付け加えておかねばならない（なぜならすべては生であり、そしてすべての生は力への意志なのだから）。この意味において権力はつねに生を対象としており、したがって権力はつねに存在論的に権力と不可分の関係にある生の抵抗を引き起こす。したがってドゥルーズの定式は以下のように書き改められねばならないだろう。生は本質的に権力への抵抗であり、権力は本質的に生を対象とする。そうした場合、権力への抵抗の現象は、もはやある場合には正当なものとされ別の場合には不当なものと断罪されるべきものとされるべきではなくなる。なぜならそれは生全体の構成《エコノミー》の中に刻み込まれているからである。このことはたとえばフーコーが、一九世紀を通じて地歩を占めた権力の新しい形態（人間の行為を規律化する作用をもつ権力）に抗して、どのような仕方で「抵抗する力が、この権力が資本として用いたそのものに支えを見いだしたか、つまり生にそして、生きているものとしての人間に支えを求めている[37]」のかを説明する時、よく見てとれる。この引用は美しい文ではあるが、これについてふたつ指摘をしておこう。（一）そこでは抵抗という現象は、明らかに、法の観点からではなく、力の観点から考えられている。抵抗は生全体の構成《エコノミー》の中でとらえられており、生においては自分を押しつけようとする諸力に対して、それに抵抗する諸力が姿を現す。（二）この抵抗の諸力が人間の名において展開されるにしても、それは人間を「生きているもの」として考える限りのことでしかない。この表現が対立するのは、むろん人権の言説において「人間としての人間」を指し示し、それによって人間固有の価値をめざす表現である。一方、論理的に当然の帰結であり、また非常に示唆的なことだが、フーコー的な文脈においては人間の価値（価値としての人間）は、生の一般的な価値の中に、力への意志それ自体の中に解消されてしまうのである。要するに、抵抗があるところに存するのは、単に（力としての）生であり、それが（「抵抗する力」として）、「それを管理しようとする機構《システム》」に、すなわち力への意志としての生それ自体に向けられるのである。このように分析してみれば、すべての過程が生に内在的なものであることは明らかだろう。またこのような条件のもとでは、もし「法」について語られることがあったとしても、それは言葉の不正確さ、言葉のあやに由来するものでしかもはやないということも理解していただけるだろう。なぜならこの法という語の厳格な使用は「現にあるもの」に対する「あるべきもの」という次元の外在性を前提せずにどのようにして可能かわからないからである。フーコーが法は一九世紀のあいだに変化したとすることはここに由来する。またドゥルーズが法的人間主義の愚かな擁護者たちがそれについて無知だと非難しているのはこの変化なのである。「法よりもはるかに生のほうが、その時政治闘争の賭け金となったのであり、それはこの闘争が法の確立を通じて主張されたとしても変わりはない」[38]。したがってフーコーが生への「法的権利《ドロワ》」について語る時、彼がそれを括弧にくくるのは賢明なことである。それは、彼が説明するように、そこで問題にされるのが「古典的法律体系にとっては理解を越えたもの」であるばかりではなく、何よりもそこでは法的権利の観念がもはやほとんど意味を持たないからである。事実（権力という事実、またすでに存在する法律という事実）に対立させうる法的権利を準拠枠とすることがなんらかを意味を持つためには、この（抵抗の運動による）準拠枠を持ち出す行為が、この行為がそれに対して向けられる過程の部分をなしていてはならない。もしその部分をなしているとするなら、抵抗する者によって法的権利と事実とが対立させられたとしてもそれは錯覚にすぎない。法的権利に呼びかけをおこなう運動それ自体、唯一の真なる事実、すなわち力への意志としての生の自己展開の中に解体してしまう。なぜならこの生の自己展開こそが歴史の基底そのものだからである。

近代法哲学において、人間の自然権を準拠枠とすることは、実定性《ポジテイヴイテ》の領域を超える諸価値、超政治的であると同時に超歴史的価値を指し示すという本質的機能を持っていた。そこで問題になっていたのは歴史とそれが生み出したものを超えると想定される基準を準拠枠として、法《ドロワ》の歴史的諸形態を判断し、ときには批判することであった。こうして法の観念の批判的機能は単に保持されていたばかりでなく、根拠づけられていたのである。フーコーが主張し、今日ドゥルーズが主張しているようなタイプの生命主義の枠内において、この法の批判的機能をいかにして根拠づけうるかを知ることは難しい。もしすべてが歴史に（あるいは生に）内在的なものであるとするなら、この事実と価値の区別はいかにして保証されうるのだろうか。レオ・シュトラウスがみごとに示したように、この区別なくしては法という観念自体、その意味と機能の本質的部分を失ってしまうのである。八〇年代初頭の特徴である人権に準拠することへの多様な形の復帰を前にして、われわれはかつて法の位置づけの問題、それが可能になる、もしこう言ったほうがよければ、それが考えうるものになるための条件の問題を再び提起することが必要だと考えた。自然権の伝統的概念形成に理論的枠組みと思索のための土台を与えていた形而上学体系が崩壊したことによって、省察をさらに進めるためには、法の問題を再び取り上げねばならぬようにわれわれには思われた——そしてこれについて考えるためには、ここ数十年間もっとも耳目を集めてきた諸思想は、われわれの眼から見ると、稔り豊かな手がかりであるよりはむしろ障害となるように見えた。最近の主要な社会的運動、とりわけ一九八六年一二月のそれが、またもや、それも時として胸をうつほどあからさまにひたすら、法に準拠する様を見れば、われわれの診断が正しいことはさらに確認されるだろう。一九八六年の秋は、この意味でも重要な歴史的日付として残るだろう。それは時代の要請に哲学が取り残されていることが白日の下にさらけだされた日付としてである。哲学は本質的にミネルヴァの梟であるが、だからと言って、みずからを戯画化して、剝製にされる定めにある老いぼれた鳥の役割に甘んずる必要はないのである。

# 第四章　福祉国家《エタ・プロヴィダンス》と大学問題

ここ数年われわれが立ち会っている法的なものへの回帰はふたつの形態をとっている。——まずフランス革命の初期に自由主義者たちによって考えられたような人権に再び価値付与をおこなうという形である。より一般的に言えば、あちらこちらで言われていることがどうであろうと、[1]フランスの社会全体が、そしてとりわけ学生運動が示している自由主義的価値の復興には驚くべきものがある。人権が今日ではフランス人のほとんど全員一致の好意を集めているばかりではなく誰ひとりとして、左翼陣営に属するひとですら、かつてのように、「真の民主主義」の名において「形式的民主主義」を告発しようなどとは考えもしないのである。誰もが前者は後者の延長としてしかありえないこと、またその実現をめざすとしても、それによって、たとえば仮初めにもプロレタリア独裁の名による民主主義の中断を絶対正当化してはならないことを理解したように思える。またたとえ和らげられた、あるいは批判的なものとしてであっても、準拠枠としてソヴィエト体制をモデルとして採用することは決定的に失効してしまった。雑誌『デバ』が正しく確認しているように、一九八一年に権力に到達した時にはいまだ「資本主義との決別」「反帝国主義」という観念を捨てきれないでいた社会党を中核とする左翼は、このいずれの点についても転向してしまった。「資本主義との決別がどんなふうにして経済の近代化の計画に席を譲っていったか、また全体主義に対する告発と形式的と呼ばれる自由の重要な性格を認知する点において左翼がどんなふうに右翼に合流していったかはよく知られている(2)」。

——しかし、この否定しがたい自由主義の勃興(3)とともに、一九八六年の街頭のデモではっきり現れたものが福祉国家《エタ・プロヴィダンス》に対する増大する要求であることもまた明らかである。国家はかつてほとんどなかったことだが、失業問題を解決することだけでなく、市民社会における連帯と平等を保証すること(4)、さらに公益事業の使用者が、現実によって侵されるべきでない既得の権利と明らかに見なしている諸権利にも責任を持つよう督促されていた。ここで引き合いに出されているのは、自由としての権利、国家の限界を構成する自由主義的な権利ではもはやなく、債権としての権利、つねに国家の介入の継続だけでなくさらに介入の増大を要請する社会的権利なのである。

この法的価値に対する価値再付与のふたつの側面は必ずしもうまく調和するわけではない。

——まずそれが隠しているかもしれない諸矛盾についていぶかる気持ちになるのは当然のことだろう。国家の介入を限定する傾向の強い自由主義と、ここ数年まったく慢性的な危機にあるとつねに言われ続けている福祉国家の力に対する度を越えた信頼のあいだに衝突はないのだろうか。

——だがまだそれ以上に重要なことがある。それ自体矛盾に満ちたものであるこの法的なものの回帰は、その第二の局面において、つまるところ、害のあるもの、危険なものですらあることが明らかになるかもしれない。害があると言うのは、これによって公的な出費が多くなれば不安を引き起こすのは当然だからである。危険であると言うのは、何人かのひとびとが言うことを信じるなら、法的なものへの回帰は国家の役割の増大を望ませるが、この役割の増大は、コンスタンの言う近代人の自由を犠牲にしてしかおこなわれないかもしれないからである。国家の役割が増大することはそれに応じて民間のイニシャチヴが縮小されること、さらに最終的には基本的人権《リベルテ・ピュブリック》を制限することにつながらないだろうか。今日の「新自由主義的」潮流はこの展望の内に位置づけられるべきものではなかろうか。この潮流は、もしそうする手段があれば、福祉国家が出現する以前の国家形態への復帰という形をできる限りとろうとするであろうし、さらには一九世紀の自由主義者たちですら国家の専有物として認めていた古典的主権の諸機能まで非国有化するという形（刑務所の民営化）をとるだろう。われわれが問題にしている〈大学〉に話を戻せば、ドゥヴァケ法案がおそるおそる踏み出そうとしたのはこの方向であり、公益事業の内にアメリカの大学制度の特徴である自律と競争をわずかながら導入しようと試みたのである。

ご安心願いたい。われわれはここで――一八〇九年ベルリン大学が創設された際ドイツ観念論の哲学者たちが試みたような(5)――〈大学〉の再建のための「演繹によるプラン」を練り上げようというのではない。われわれがおこなおうとするのは、はるかに慎ましく、大学問題を民主主義社会の展開についての全体的考え方の検討をせまる次のふたつの設問を出発点として位置づけることである。すなわち自由主義国家と福祉国家《エタ・プロヴィダンス》のあいだに矛盾はあるのかないのか――両者は連続したものなのか、それとも断絶したものなのか。公益事業の拡張は、本当に民間のイニシャチヴの衰退をもたらし、さらに言えば新自由主義者たちが言うように、潜在的に全体主義へと向かう可能性を秘めているのか。

## 自由主義国家から福祉国家へ――断絶か連続か

断絶という面を強調する自由主義の立論はよく知られている。その原則だけをここでは思い出しておこう。一七七六年のアメリカの独立宣言、一七八九年のフランス人の人権宣言が表明する形式的諸権利《ドロワ》は、国家の限界を示し、国家が合法的に介入できる限界を画定していた（国家は個人の意見の領域に介入してはならない。国家は安全を保証し財産を保証することで満足しなければならない。国家はひとの自由な交通と思想の自由な流通を妨げてはならない等）。これに対し、労働の権利から健康の権利、あるいは教育の権利にいたる社会的権利は国家の介入を必要とする。ところでこの介入は――ここがこの議論において非常に重要な点だが——自由主義の論理とは逆の論理に依拠しているというだけでなく、自由主義の論理とはその本性からしてまったく両立不可能であることがはっきりする。ハイエク(一)の言い方に従えば、市民社会における、とくに自生的秩序（コスモス）であるべき市場への国家の介入は、情報の動きを歪んだものにしてしまう。簡単な例をとれば、国家が困難に陥った企業を（失業が引き起こす社会的・政治的損害を避けるために）支える場合、国家は自由であるべき市場において、価格、倒産、失業率といった指標を歪めてしまうことになる。そのようなことをするならば国家は二重の意味で不正をはたらくことになる。まず第一に正義の自由主義的見方からする要請から見れば、国家は修復不可能な仕方で情報への公平な接近の機会を壊してしまうし、また与えられた援助は恣意的な、個別的なものにならざるをえないからである。だがそれ以上に重要なのは、これにより国家は社会正義の実現という国家の目標それ自体を裏切ることになることである。いずれ倒産するしかない企業を支えることは長い目で見るならば、失業の減少にはならず、むしろ失業の増大という結果になる。ここからハイエクの結論が出てくる。社会的権利の要求が示している必要に応えるためには、「われわれが社会と名づけている自生的秩序は、はっきりとした目的にそって構成された組織に置きかえられなければならない。市場というコスモスは、その構成員のそれぞれが命令されたことをその通り実行せねばならないタクシスに置き換えられねばならない。構成員は使用法を心得ているものであっても、それを自分自身の目的に達するために用いる能力を保持してはならず、指導者たちが、その時に満たすべき必要は何かという点について抱いている考えに則って立てられた計画を遂行するのでなくてはならないだろう。ここから旧来の市民権と新しい社会的・経済的権利は同時には保証されえないものであり、両立不可能なものであるという結論が導き出される。新しい諸権利を、強制的にそれを守らせようとする法律によって表現しようとすれば、必然的に伝統的市民権がめざしていた自由という秩序は破壊されてしまう[6]」。したがって福祉国家《エタ・プロヴィダンス》の誕生は、民間のイニシャチヴを権柄ずくで規制すること、さらには単に基本的人権《リベルテ・ピュブリック》を解体することを含意するだろう。そしてこのように福祉国家と自由主義国家のあいだに根底的断絶を宣言せねばならないのである以上、社会的諸権利による要請を現実のものにしようとするあらゆる試みは「個人の自由を排斥する全体主義的機構《システム》[7]」を生み出すゆえに福祉国家はけっきょく社会主義国家と変わらないものとしてハイエクによって告発されることになるだろう。

逆説的なことだが、このような断絶の主張は、フーコーの学生のひとりであるF・エヴァルドが福祉国家《エタ・プロヴィダンス》を扱った最近の仕事[8]にその支持者を見いだすことができるだろう。エヴァルドは福祉国家を全体主義国家と同一視することこそ避けてはいるが、彼によれば労働災害の問題に国家が関わるという事態によって示されるやはり根底的な断絶を強調する。『狂気の歴史』[二]にすでに現れている図式[9]をさらに簡略化して、エヴァルドは一八九八年四月九日の法律の内に世界の歴史が時として経験する決定的な亀裂のひとつをあばきだすことができると考える。「私はそのおりに、哲学的に言って非常に重要なこの出来事、すなわち労働災害の責任に関する一八九八年四月九日の法律を発見した。この法律とともにひとつの世界がくつがえる[10]」。社会的権利の系譜学にとってこの法が重要であることはたやすく――そしておおげさな身振りをしなくても――認めることができるだろう。労働災害はもはや（自由主義の論理に従えばそうであるように）個人の責任だけに帰されることはない。現状回復の仕組みの組織化を通して、保険を基礎とした安全装置が配置される。この装置は責任を社会化するが、その原則は、「連帯」という問題設定が出現したということである。この意味において、この法律は社会正義という問題が考慮に入れられるようになる過程、したがって福祉国家の生成の過程において一時期を画するものである――むろん、ほかにも重要な段階があることは言うまでもない。しかしこのように考えることと、そこに「根底的断絶」、「新しい社会契約」の誕生、「西洋における」「理性の歴史」という「ドラマ」の決定的瞬間を見ることのあいだには越えてはならない深淵があることに、ほんの少しでも省察をめぐらせば気がつくはずである。自分の著作について謙遜して話しながらエヴァルドはわれわれに予告する。「私の目的は瀆聖である」。そして彼は「真の知的転向」を要求する。だがわれわれは六〇〇頁になんなんとする分析の後で実際何を学ぶだろう。よくあることだが泰山鳴動して鼠一匹。彼がわれわれに「転向」するようにすすめているのは、「福祉国家の終焉はいまのところ見えず、福祉国家にはまだまだ未来があるかもしれない[11]」という考えになのである。実際、この「広大な、まったく前例のないフレスコ画」(原文ママ)は、そこここで儀式張って自由主義を告発してみせてはいるものの(「一九世紀の自由主義は、労働者階級の長い犠牲者名簿、恐ろしい〈放任主義《レッセ・フェール》、無干渉主義《レッセ・バッセ》〉である。[中略]これらのことは確かに真実だ」。)、その当の自由主義の主要な主張をほとんど変更を加えぬまま採用しているのである。「自由主義国家は市民的権利の享受を保証しなければならなかった。自由主義国家は公共の利益を満足させるのに必要なこと以外、市民になんらの強制もすることはできないと見なされていた〔中略〕。社会的諸権利はこれとは異なった新しい評価の原理によって支えられている。基本的価値はもはや諸価値の中の第一の価値としての自由ではなく、むしろ生である〔後略〕」等々。要するにここで示されているのはもっとも伝統に忠実な自由主義的法学者たちがつねに繰り返してきた言説を別の包装、別の文体で装ったものでしかない。

　このような確認はまだ表面的なものである。あまりにも明白な断絶に目を眩ませられ、彼らは民主主義社会の展開の真の論理をひそかに構成しているものを見ていない。しかし実際どうしてこの展開が示している巨大な逆説に気づかずにいられよう。自由主義の諸原則を犠牲にするどころか、福祉国家《エタ・プロヴィダンス》の誕生、そしてその驚くべき発展は、まさにこの自由主義の諸原則の目を見張るような強化をともなっていたのである。そして自身の内的矛盾の犠牲となった新自由主義の主張がまったくとらえることができなかったのは、この重要な現象なのである。われわれはこの矛盾の分析を再びおこなうことはしない。(12) ただ次のことだけは言っておこう。いったん自由主義国家の枠組みがそれにともなう形式的自由とともに旧体制《アンシャン・レジーム》に抗して打ち立てられた後には、社会階層の平準化という民主主義の論理は、国家の介入の増大を含意しないような条件のもとでは追求されえない。ここにおいても、自由主義の形式主義に対する社会批判の本質は、自由主義に反対することではなく、まさに自由主義がした約束を実現するためであることにどうして気がつかないでいられよう。もし投票によって行政に参加する権利が形だけのものでないとするならば、市民は最低限度の教育を享受する必要、たとえば彼が読み書きができる必要がありはしないだろうか。もし平等、自由という自由主義の原則が現実の中で意味を持つことを望むなら、貧困、雇用の不安定、病気は合法的に打ち倒されねばならぬのではないか。さらに言えば、新しい諸権利が合法的な要求として受け入れられるのは、自由主義の本質自体の内に刻み込まれた法的・政治的仕組みによってではないか。C・ルフォールはできればここで全文を引用するに値するテキストの中で非常に適切にこのことを強調している。「政治的自由の行使をたやすくするために現れてきた新しい諸権利が、国家の規制力を増大させるにあたって貢献したことを私は認めよう［中略］。それはそれでよろしい。しかしこの確認にとどまってはならない。新しい権利が法的に登録されるためには、これこれの要求に国家の上層部の誰かが好意をもって耳を傾けただけでは十分ではない。さらにその要求がまず第一に——たとえその要求が市民の一部にしか関わりがない場合ですらも——世論の少なからぬ部分の多かれ少なかれ暗黙の同意を得ているのでなければならない。要するにその要求が、われわれが公共の空間と呼ぶものの中にすでに位置を占めているのでなければならないのである。［中略］要求が成功裏に受け入れられるための条件のひとつは、新しく主張される権利が、すでに実効性を持つ諸権利が示している自由の要求に合致するということが、世論によって広く確信されているということである[13]」。ルフォールがハーバーマスの語彙を借りつつおこなっているこの模範的分析は三つの帰結をもたらすようにわれわれには思えるが、それらは自由主義的国家と福祉国家のあいだに、両者を表面上分かつ一見明白な断絶を越えるひそかな継続性があるという主張を強化するものである。

——民主主義的個人主義に制度的枠組みを与えることにより、福祉国家の発展の社会的、法的、政治的条件を整えたのは、根底的には自由主義である。市民社会における国家の介入、とくに経済への介入はつねに良い結果をもたらすとは限らないということ、そしてこうした介入は必然的に恣意的な形でなされることは認めてもよいだろう。しかしそれでも、自由主義はかつてそれが革命原理であった時代、すなわち一七八九年には個人の解放を成し遂げるための諸条件を創り出したのである、そしてこの解放は絶えず増大する国家の介入なしにはとうてい展開しえなかったであろう。「けっきょく、個々人に、彼が主権者だということを教えたのは自由主義である。どうして市民社会に生きる人間が、とくに彼に高いものにつく支配《コマンドマン》を被っている人間が、その支配を和らげようとして彼の持ち分の主権を行使しようという気にならないということがあるだろう。そのための道具はあるのだ。彼を代表してくれると言う国家がそれである。人間は支配されるよりは支配《コマンデ》するほうを好むものだ。市場の中で支配されている人間が、国家の中で、また国家によって支配しようと望むのは当然だろう。［中略］なぜなら、自由な個人として、おのおのの人間にはふたつの役回りがある。市場の中での役回りと国家の中での選挙民という役回りである。市場の中で失敗した、あるいは失敗するのではないかと恐れる人間が、選挙民としての役回りが与えてくれる手段にものを言わそうとするのは当然のことである」[14]。市民社会の中でみずからを不正義の犠牲者と見なすひとびとが国家の介入を求めるという反応を示すことは

「当然」であるばかりでなく、まったく正当なことだし、さらに言えば、ここが肝心な点だが、完全に合法的である。すなわち法治国家の自由主義的諸価値に合致しているのである。この法治国家においては新しい諸権利を認めるか否かの決定は国民の代表者たちによってなされる。市場は誰の管理下にもないがゆえに不正ではありえず、不正は個人が、あるいは個人の集団が他の個人、あるいは集団に及ぼす恣意的な行為を想定するとするハイエクの議論はあまり説得力を持たない。彼の議論が説得力を持つためには、諸個人のあいだの機会の平等が、なんらかの経済的分野における王朝の出現に抗してつねに保持され続けるのでなくてはなるまい。そのような王朝は特定の個人に恣意的な仕方で（とくに相続という方法によって）他人に対する不当な権力を与えずにはおかないだろうからである（機会の厳密な平等という意味に解された正義の新自由主義的概念にとってさえもこれは不当であろう）。したがって旧体制《アンシャン・レジーム》の伝統的身分差別《イエラルシー》から自由になった個人が、ブルジョア市民社会が創設した官僚主義的位階制《イエラルシー》から自由になるために、新たな民主主義的枠組みを用いることを妨げるものは何もない。自由主義国家の非介入主義と福祉国家の介入主義のあいだの見かけの断絶を越えて、この両者の内に働いているのは、同じ民主主義的論理であり、この論理が次から次へと上位のレベルにおいてはたらき続けているのである。——したがって福祉国家が根底的に対立させられるべきなのは、自由主義国家にではなく全体主義国家にである。というのは、第一にわれわれがいま見たように、国家の非介入から国家の介入への移行が民主的な仕方でなされているからである（身分の平等、したがって機会の平等を現実のものにするためであると同時に、中立的な権力、選挙、諸党派の競合等々という自由主義の諸原則に則って）。次に全体主義国家における国家の市民社会への介入はけっして市民のものとして認められた法的権利《ドロワ》という形はとらないからである。したがって全体主義国家が「福祉国家というモデルに代わるということはありえない。そのことは全体主義国家が、国民の特定の必要を考慮に入れるために、雇用、公衆衛生、教育、住宅、余暇に関する数多くの措置をとることを妨げるものではない。だが全体主義国家が保証するのは、正確に言えば、法的権利ではない。言葉を発するのは権力側だけで良い。全体主義国家は、その支配下にある者の言葉など意に介さないのだ。［中略］個人は国家の従属物と見なされ、市民とは見なされていない以上、彼が受けとるのは、法的権利のような格好はしているが、恩恵として与えられたものにすぎない(15)」。

——最後に、国家の肥大化、公益事業の肥大化は、原則においても、また事実においても、民間のイニシャチヴあるいは基本的人権《リベルテ・ピュブリック》を犠牲にしておこなわれるわけではない。福祉国家の誕生の内に、自由主義国家との断絶を見ようとする諸分析が犯す最大の誤りはおそらくこの点に存する——少なくとも民主主義的社会の展開についての自由主義的、また新自由主義的見方の主要な錯覚はこの点に存する。(16) M・ゴシェはコンスタンの『全集』に付した序文で、(17) 自由主義者たちは国家に対する市民社会の自律化の論理をよく把握していたものの、彼らの考えていたのとは逆に、その自律化は国家の介入の非常な強化をともなったことをはっきりと示したが、(18) 彼のすばらしい表現に従えば、彼らの錯覚は「明晰な錯覚」である。M・ゴシェの分析が興味深いのは、断絶の理論家たちが考えてきた、そして現在でもなお考えているのとは逆に、このような介入の増大が、自由主義の外部にあるのではまったくなく、自由主義の原則自体の内に刻み込まれていることを示しているからである。というのは、個人が、また個人を越え市民社会が過去の伝統から自由になるや否や、彼らはみずからが凝集する場、またみずからを行動する全体として表象する場を必然的に未来に置くようになるからである。自由主義は近代性を二重の必要性の上に基礎づけるが、この二重の必要性の互いに矛盾する性格は見かけのものでしかない。まず自由主義を絶対主義に対立させる、そしてあらかじめ公共の領域と私的な領域の完全な融合という全体主義的企図に対立させる、市民社会の国家に対する自律の必要。次に国家という、社会の外にある審級の必要。この審級においてこそ、社会は、革命的行為によって伝統に背を向けた以上、意識的にそれをめざす未来という次元を管理するために、みずからを表象できるのである。(19) 自由主義が犯す誤りはしたがって次のように定式化できるだろう。国家の肥大化は民間の活動の減少を含意しない。なぜなら、この両者は、合計がつねに同一にならねばならない性質のものではないからだ。ふたつの領域は同時に拡大しうる。両者は互いの犠牲においてしか発展できないようなものではない——このことはここ二世紀来の自由主義的民主主義の展開を見れば明瞭にわかる。

## 大学問題——競争か公益事業か

先の指摘が示唆するように、ここに示された二者択一は、間違った設問でしかありえないだろう。ここにあげられたふたつの項は、不幸なことに最近のドゥヴァケ法案が試みたように、本質的に競争、自律を嫌う公益事業にそれらを導入しようとして異質のふたつのレベルを交わらせるようなことをしなければ、権利上も、また事実上も両立可能であるかもしれないのである。いずれにせよ、この問題は、ここ数年、新自由主義に転向した法学者たちや政治家たちが決まりきったように公益事業に浴びせてきた批判をより注意深く検討するようにと促すべきだろう。このような批判[20]に対しE・ピジエは正当にも三つの議論をわれわれに思い出させているが、これらの議論について考えてみるのは悪いことではない[21]。

（二）「公益事業の理論は、自由主義的哲学の枠組みの中で、恣意的であると同時に威圧的な性格を持った公権力という概念を駆逐するために打ち立てられた。そして、この理論は、国家の限界を画定するという役割をも担わされていた。国家の唯一の目的は公益事業を組織することであり、それを越えてはいかなる行動もすべきではない」。公益事業の、この逆説的にも自由主義的な性格は、具体的には、基本的人権《リベルテ・ピュブリック》の縮小ではなく、その強化という形をとって現れるということを思い出さねばならない。この基本的人権の強化はとくに公務員集団が国家に対し独立を保つという形で現れる。「したがって公務員と公益事業を結ぶ絆は、彼らが言論の自由をはじめとする基本的自由、組合権、ストライキ権といった新しい権利を要求することを妨げない。そして公益事業が、これらの自由、権利の一定の制限をともなうにしても、そのことは正当化されているように見える」。

（二）その効果においても原則において自由主義的である（少なくとも潜在的にはそうである）公益事業は、またその原則においてもやはり自由主義的である。なぜなら、その創設、拡張、またその規制は、最終的には「合法的な」決定によって決まるからである。「公益事業の創設は、政治的な決定である。公益事業の創設は合法的に〈行政当局〉の職掌の内にある。〈国家〉意志と呼ばれるものが、政治的自由の行使がしやすくなるように姿を見せる。そしてこの政治的自由が行使されることによって、政治権力を握っているひとびとは定期的に行政の原則を検討し直すことを強いられる」。だとすれば、ここで、いったいどんな自由主義的原則を盾にとって基本的人権の行使を制限できるのか理解に苦しむ。あるひとつの公益事業の創設、あるいは拡張のためのこれこれの措置に反対できるということと、このような決定の原則自体を断罪できるということはまったく別のことがらである。というのは、疑いもなく、その福祉国家の強度は問わないにしても、福祉国家を生み出すか否かという決定は自由主義国家によってなされるほかないからである。

(三) 最後に、公益事業の拡張は必ず民間のイニシャチヴの縮小を招くと断言することもやはり正確ではない。ピジェはこう言っている。「再度確認しておかねばならないが、独占という原則はいかなる場合においても公益事業の鉄則のように見えてはならない。実際上公益事業が独占をおこなっている場合があるかもしれない。しかしその場合でも、公益事業に独占をおこなう権利があるわけではないのだ。というのは、もし公益事業が民間のイニシャチヴの不十分さゆえに誕生することがあるとしても、それはまさに公益事業には民間のイニシャチヴを禁ずるという機能がないからである。L・デュギ(三)自身、国家が積極的に果たさねばならぬ義務として、教育を公益事業として組織するよう主張しながら、すぐさま次のように付け加えていた。〈公益事業の性格は政権にある者や、その下僚の利益になるような独占ということを含意しない〉。つまり彼はここで公益事業の存在が教育の自由を制限することに反対しているのである」。

ここにおいて問題は非常にはっきりしてきたとわれわれは考える。これによってドゥヴアケ法案についての議論の過程で一般になされてきたほど単純でないやり方で、困難な大学問題を再び取り上げてみなければならないだろう。

いくつかの理由ゆえに、フランスの公益事業がアメリカのモデルを模倣することは望ましいこととは思えないし、また本当に可能だとも思えない、フランスにおけるグラン・ゼコルの等価物と見なしうるアメリカの有名大学はグラン・ゼコルと同じような苛酷な選抜を入学時におこなっている、しかしこの選抜は学力試験によってのみおこなわれているのではない。選抜はまた金銭による選抜であることも認めねばなるまい。なぜなら年間の学費はしばしば一万五〇〇〇ドルに達することがあるからである。確かにこの仕組みは奨学金や国立大学（そのレベルは有名私立大学に比べると一般に非常に劣っている）の存在によって補われてはいる。しかしそれにもかかわらず、この競争の仕組みは平等主義的ではないという判断をくだすのが正当である。(22)

フランスの諸大学間に競争という考えを導入することは、おそらくすでにパリと地方のあいだ、また同じ大学の各学部間に存在している格差を拡大することにしかならぬだろう。それに、競争という考えが真に意味を持つためには、公益事業における人員採用の諸原則が改変され、諸大学が自分が選んだ教員に物質的特典（給与、住居等）を、その教員の地位や勤務年数に応じてではなく、大学が彼らに認める知名度、能力等々の程度に応じて与えられるのでなくてはならぬだろう。

このような大変動は、それがある一定の論理に従っているとしても、公益事業という枠組みの中では文字通り考ええないことである。不幸なことに、公益事業は、とくに六八年に引き続く数年間、非常に根底的な批判にさらされた結果、その信用性を失ってしまった。公益事業が立脚していた共和主義的諸価値は、階級による選抜という現実を覆い隠すための単なるイデオロギーにすぎぬものとして告発された。たとえばブルデューの社会学が各種の選抜試験をその攻撃の対象としたのは、このような視点からである。しかし、地方で現在おこなわれているようなより柔軟な採用方式が引き起こしている諸困難を前にしては、国家によって組織される選抜試験の価値を再確認せねばならない。むろん、このような国家による選抜試験に欠陥がないというわけではない。欠陥はおおいにある。またブルデューがこうした選抜試験に対しておこなった批判は、その原則において誤っているものの、事実の指摘においてまったく不正確であるわけでもない。しかしそれでも、チャーチルが民主主義について言ったと同様、これらの選抜試験は最悪のものだがそれに代わるものはないのである。教育を公益事業にとどめようという理論――この理論を最近J-P・シュヴェヌマン(四)が口先だけで、しかも誇張して繰り返していたが（公益事業の価値を再び高めるためには学校で『ラ・マルセイエーズ』を歌わせてもしょうがない）――は、現在でも、文化的不平等を減少させようという、けっきょくのところ正当な要求に応えうるものであるだろう。私立大学、競争、自律にくみするひとびとに関して言えば、彼らには公益事業以外の場所にそれを創るように示唆してやるしかないだろう。公益事業の諸原則は、民間企業を機能させる諸原則とは両立不可能なものなのだ。なぜ自由主義者たちは最後の最後まで自由主義者であろうとしないのだろうか。なぜ彼らは国家と闘うために国家の力を借りようとするのだろう（一九八四年に私立学校の問題が起きた時に見られたように。あの時左翼は政治的に言えば明らかに誤りを犯していたが、哲学的に言えば正しかったかもしれない）。

＊

ドイツ観念論の哲学者たちが一八〇九年頃〈大学〉問題について省察を試みた時、彼らの多くが、今日でもなおそれに思いをいたしてみる価値のあるひとつの考えに動かされていた。それは学問の自由という考えであった。フンボルトがそうであり、またこの点に限って言えばシェリングや後にはヘーゲルもそうであったように、非常に自由主義的であった彼らは、〈大学〉はまず何よりも研究がその自由な発展に任せられ、いかなる職業的な制約にも拘束されぬ場所であるべきだと考えていた。彼らの素朴さは、根底的研究を動かしている知的興味は、それが発展するに任せられれば、それ自体の運動によって市民社会の一般利益の要請に合流するという考えにもとづいていた。失業問題や経済危機を心配するわれわれにとっては、このような図式はあまりに楽観的なものに見えざるをえない。しかしそれでも〈大学〉の主要な任務は失業を解消することではないということ、そして今日学問の自由の要請は、独占をおこなうことなく、したがっていかなる意味でも民間のイニシャチヴを排除しない公益事業によって可能になるということは言えるだろう。

一九八六年一二月

# 原注

## いくつかの疑問

（1）　主要な抗議行動において、その抗議にレッテルを貼ることを可能にするような、組合、政党といった組織のマークがまったく現れないことが注目を集めた。一九八六年一二月五日の『ル・モンド』*Le Monde* はある学生の言葉を報告していた。「われわれの行動は政治的《ポリティック》なものではあるが、政治化《ポリティゼ》されてはいない」。このことから同紙は運動を「よくわからない社会的対象」〔objet volant non identifié未確認飛行物体の飛行《ヴォラン》を社会的《ソシアル》に代えて作った表現 objet social non identifié〕としながら、「政府は不安を抱きながら、運動に変化が起きてすでに知られている図式に当てはまるようになる（左翼による回収、あるいは極左的な逸脱）のを、そしてそのことによって運動がより管理しやすいものになるのを心待ちにしていた」と説明している。

（2）　この点はM・ゴシェが完全に明らかにした。「学校で学ぶ学校――民主主義的個人主義の制約と矛盾」、『デバ』（《L'école à l'école d'elle-même. Contraintes et contradictions de l'individualisme démocratique》, *Le Débat*）、一九八五年一一月号。

（3） 一九八六年の運動が、大学の「外部」から押しつけられたと見なされた法律の拒否、そして学生たちによって要求されたような「われわれの法律」の要求という形に結晶したことは示唆的である。

（4） 『ル・ヌーヴェル・オプセルバトゥール』（*Le Nouvel Observateur*）、一九八六年一一月二八日―一二月四日号、四〇頁。

（5） A・コント＝スポンヴィル、「ユートピアなしの道徳」、『リベラシオン』（《La Morale sans l'utopie》, *Libération*）、一九八六年一二月九日。

（6） 『リベラシオン』、一九八六年一二月四日、七頁。

（7） A・コント＝スポンヴィルは先に引いた記事の中でうまい表現を用いている。「われわれには道徳なしのユートピアがあった。彼らにはユートピアなしの道徳がある」。〈五月〉のメシアニスムについては、H・ヴェベールの次の論文を参照されたい。「解釈者たちのための注意」、『プーヴォワール』（《Notes à l'usage des interprétateurs》, *Pouvoirs*、一九八六年三九号（六八年〈五月〉特集）、一〇二―一〇四頁。

（8） M・ゴシェ、『ル・コティディアン・ド・パリ』（*Le Quotidien de Paris*）一九八六年一二月一一日。G・リポヴェツキ、同紙、一九八六年一二月九日および『ル・ヌーヴェル・オプセルバトゥール』、一九八六年一二月一二日—一八日号。

(9) とくに同書第二章。われわれの解釈はG・リポヴェツキが『空虚の時代』(*L'Ère du vide*, Gallimard、一九八三年)において展開したすばらしい分析を支えにしている。

(10) この点については、本書第二章で分析されるC・カストリアディスの反論を見られたい。カストリアディスのものより陰影に富む反論については前掲ヴェベールの論文を参照されたい。

(11) 『ル・ヌーヴェル・オプセルバトゥール』、一九八六年一二月五日—一一日号、四七頁。

(12) 『リベラシオン』、一九八六年一二月二八日。

(13) M・ゴシェとG・リポヴェツキの記事のほかにB・フラパが一九八六年一二月二日の『ル・モンド』に書いた「成功する、と彼らは言う」《Réussir, disent-ils》と題された記事を例外としてあげなければならない。「驚かれるかもしれないが、木曜日の大デモ行進の中にあったのは、共通点として自分個人の未来についての心配しかしていない連中の野合であったのではないかと問うこともできるのだ。今のところ、社会を根本的に問い直そうとする動きや新たな文化大革命を示すものは何もない」。J-F・エルドの次の論文をも参照されたい「もし本当の自由主義者は彼らだったら?」

『レヴェヌマン・デュ・ジュディ』（《Et si c'était eux, les vrais libéraux?》 *L'Événement du jeudi*） 一九八六年一二月四日—一〇日号、二〇—二一頁。

（14） C・カストリアディス、『リベラシオン』、一九八六年一二月一一日。

（15） P・ブルデュー、同紙、一九八六年一二月四日。

## 第一章

（1） M・ウェーバー、『プロテスタンティズムの倫理と資本主義の精神』 *L'Éthique protestante et l'esprit du capitalisme*, Paris, Plon、一二二頁。〔邦訳、梶山力訳、安藤英治編、未来社、一九九四年〕

（2） われわれがとくに念頭においているのはL・デュモン、J-P・デュピュイ、M・ゴシェ、G・リポヴェツキの仕事である。われわれも個人という概念のとくに哲学における歴史についての研究を準備中である。

（3） B・コンスタン、『近代人の自由と比較された古代人の自由について』 *De la liberté des Anciens comparée à celle des Modernes*、一八一九年。

（4） ここで「全体論《オリスム》」と言う時、われわれはL・デュモンが「社会の全体性に価値を認め、個人を軽視し、従属的なものと見る」全体論的イデオロギーと、個人を「独立した自律的」なものとして重んじ「社会の全体性を軽視し、従属的なものと見る」個人主義的イデオロギーを対立させる仕方に従っている。『個人主義論考』*Essai sur l'individualisme*, Paris Seuil、一九八三年、二七三頁以降。〔邦訳、渡辺公三・浅野房一訳、言叢社、一九九四年〕

（5） トクヴィルはエゴイズム（「盲目的」であり「あらゆる美徳の萌芽」を枯らす「世界と同じくらい古くからある」「本能」）と個人主義（「反省された穏やかな感情であり」「あらゆる公共的美徳の源泉」だけを枯渇させ、民主主義的起源を持つ）を明確に区別している。『アメリカの民主政治』*De la démocratie en Amérique* 第二巻第二章〔邦訳、井伊玄太郎訳、講談社学術文庫、上中下、一九七六―一九七七年〕

（6） L・デュモンは前掲書一〇二頁において一七八九年の人権宣言を「個人の勝利」と見なしている。

（7） この点についてはF・フュレのすばらしい分析を参照されたい。

（8） 論争の係争点についてのより詳細な分析については、われわれの次の試論を参照されたい。『人権から共和主義の観念へ――政治哲学 3』*Des droits de l'homme à l'Idée républicaine* (*Philosophie politique*, III), *Paris*, P. U. F.、一九八五年。

（9） われわれはここで自律《オートノミー》という語を、単にその語源的な意味で用いている。すなわち自分自身に自分自身の法《ロワ》を与えるという意味である。この法の賦与の哲学的諸条件は最終的には自由を前提とするが、そのような哲学的諸条件はさしあたって考察されていない。自由を前提とする自律《オートノミー》と、この自律の衰退した形態にすぎない独立《アンデパンダンス》の区別についてより踏み込んだ分析が必要であろう。われわれの眼からするとL・デュモンはこの区別をないがしろにしているが、この区別の素描については『ル・デバ』一九八六年五―六月号のわれわれの対談を参照されたい。

(10) 事件の観察者の大部分が気づいていた運動のこのような側面についてはA・シャンブローのすばらしい記事を参照されたい。「かたわにされた民主制から直接民主制へ」『レヴェヌマン・デュ・ジュディ』(《De la démocratie tronquée à la démocratie directe》 *L'Évenement du jeudi*)、一九八六年一二月一一日―一七日号、一三頁。

(11) C・カストリアディスは一九八六年一二月一一日の『リベラシオン』紙に次のように書いている。「ただ単に民主主義的諸価値が意識されたということではなく、それらが機能させられたのだ。しかも六八年におけるよりさらに明瞭な形で。問題は学生たちにとって良きものが社会全体にとってはなぜそうではないのか、なぜつねに罷免可能な代議員による評議会という仕組みが大学の大教室の外では採用されないのかを知ることだ」。

(12) 『アメリカの民主政治』、全集第一巻第一章、二五六頁。

(13) 同書、第二巻第二章。

(14) 同上。

（15） C・カストリアディス、「六〇年代のさまざまな運動」『プーヴォワール』（《Les mouvements des années soixante》, *Pouvoirs*、一九八六年、三九号。

第二章

（1） C・カストリアディス、「六〇年代のさまざまな運動」、前掲書、一〇七―一〇八頁。この数行が標的にしているのは「G・リポヴェツキが『空虚の時代――現代個人主義試論』*L'Ère du vide, essai sur l'individualisme contemporain*, Gallimard、一九八三年、で示した六八年〈五月〉についての解釈、およびL・フェリーとA・ルノーが『68年の思想――現代反‐人間主義試論』*La Pensée 68, essai sur l'anti-humanisme contemporain*, Gallimard、一九八五年〈邦訳、『68年の思想――現代の反‐人間主義への批判』小野潮訳、法政大学出版局、一九九八年〉において「解釈の複数主義」を望むとしつつもG・リポヴェツキの主張におおいにくみして示す〈五月〉の解釈である」。

（2） C・カストリアディス、「六〇年代のさまざまな運動」、前掲書、一〇九―一一〇頁。

（3） 同書、一一二―一一三頁。同様に「ラカンの『エクリ』が六八年以前に三万部、六八年以後に三万部売れたのは」「やはり六八年〈五月〉の失敗による――まさにこの点においてこそフェリーとルノーはとんだ誤解をしているのだ」。

（4）同書、一一三頁。
（5）C・カストリアディスおよびD・コーン＝ベンディット、『エコロジーから自治《オートノミー》へ』*De l'écologie à l'autonomie*, Paris, Seuil、一九八一年、一〇一頁。〔邦訳、江口幹訳、緑風出版、一九八三年〕
（6）同書、一〇三頁。
（7）C・カストリアディス、「六〇年代のさまざまな運動」、前掲書、一〇九頁。
（8）C・カストリアディスおよびD・コーン＝ベンディット、『エコロジーから自治へ』前掲書、五六頁。
（9）同書、六七頁。
（10）『裂け目』*La Brèche*, Paris, Fayard、一九六八年。
（11）C・カストリアディス、『人間の領域——迷宮の岐路2』*Domaines de l'homme, Les carrefours du labyrinthe, II*, Paris, Seuil、一九八六年、序文。〔邦訳、米山親能他訳、法政大学出版局、一九九八年〕
（12）D・コーン＝ベンディット、『われわれは革命をかくも愛した』*Nous l'avons tant aimée, la révolution*, Paris, Barrault、一九八六年、三〇頁。
（13）同書、三六頁。
（14）同書、二九頁。

(15) C・カストリアディス、「六〇年代のさまざまな運動」、前掲書を参照されたい。
(16) D・コーン＝ベンディットおよびF・ガタリ「運動への貢献」『自主管理、アルテルナティヴ』(統一社会党発行の週刊誌)《Contribution pour le mouvement》 *Autogestion, l'Alternative*、一九八六年一一月二四日、一〇頁。
(17) C・カストリアディス、「六〇年代のさまざまな運動」、前掲書、一〇七頁。
(18) L・フェリーおよびA・ルノー、『68年の思想』、一三頁を参照。「〈五月〉の危機の直前の数ヵ年、また数ヵ月の間にいくつかの思想が姿を見せ始めたのである。それらの思想が事件の推移に影響を与えたなどというのはばかげているだろう。しかし、それらの思想は六八年〈五月〉の運動と直接的ではないにせよ示唆的な関係を結んでいたことはありうる」。
(19) C・カストリアディス、前掲書、一一〇頁。
(20) S・ズジェル『〈五月〉の思想』*Les Idées de Mai*, Paris, Gallimard、一九六八年。
(21) 『ル・マタン・ドゥ・パリ』*Le Matin de Paris*、一九八六年一二月一〇日
(22) 『ル・モンド』、一九八六年一一月二八日。

第三章

(1) 『人権から共和主義の観念へ——政治哲学3』、Paris, P. U. F.、一九八四年、一八

〇―一八一頁、および『68年の思想』、Paris, Gallimard、一九八五年、一六三頁を参照されたい。

（2）G・ドゥルーズ、『フーコー』*Foucault*, Paris, Éd. de Minuit、一九八六年、一一頁。〔邦訳、宇野邦一訳、河出書房新社、一九八七年〕

（3）同書、九六頁。

（4）同書、九八頁。

（5）同書、七八頁。「フランスのニーチェ主義」については『68年の思想』の第三章を参照されたい。

（6）同書、一三一頁。

（7）ニーチェ『力への意志』*La Volonté de puissance*, Paris, Gallimard. éd. G. Bianquis, II, § 41.

（8）同書、II, § 8.

（9）〈生〉（あるいは〈歴史〉）はこうして、ベルグソンが生を「予測不可能な新しさを不断に創造すること」として示す意味に解される。そしてこれがニーチェが好んで生は「女」であると書く理由である（『悦ばしき知識』§ 339.「生は女である」）。すなわち（ニーチェにその責が帰されるべき女性性《フェミニテ》についての見方に従えば）生は、予測がきわめて難しい変容、変貌の場（そして同時に見せかけについての戯れの場）なのである。

(10) 『力への意志』、II, §246. III, §8. をも参照されたい。

(11) 同書、II, §54。

(12) 『善悪の彼岸』*Par-delà le Bien et le Mal*, §36.

(13) 『力への意志』、II, §41.

(14) M・フーコー、『知への意志』*La Volonté de savoir*, Paris, Gallimard、一九七六年、一二一頁。〔邦訳、渡辺守章訳、新潮社、一九八六年〕

(15) 『知への意志』(一〇七―一三五頁)においては、われわれの社会を特徴づける「性」についての知識の類型」に関する探求としての「性の歴史」の「論点」と「方法」がこのような放棄との関連において規定されている。

(16) ニーチェ、『力への意志』、II, §487.

(17) 『知への意志』、一二一頁以降。ここで問題になっている数頁は、一九七三年に「権力の諸公準」を主題としてなされた未公刊の講義(コレージュ・ド・フランス)の内容を本質的な点で繰り返している。その講義においてフーコーは彼の権力についての見方がいかにマルクス主義的なそれと異なるかを強調していた(フーコーが要請する五つの公準が一二三頁以降に再び取り上げられている)。

(18) 同書、一二二頁。

(19) 同書、一二四頁。
(20) M・フーコー、『監獄の誕生――監視と処罰』*Surveiller et punir*, Paris, Gallimard、一九七五年、一四〇頁。〔邦訳、田村俶訳、新潮社、一九七七年〕
(21) G・ドゥルーズ、前掲書、三八頁。この点については『知への意志』、一一三頁、一三五頁を見られたい。
(22) ドゥルーズ自身もこの両者の比較をおこなっている。前掲書、八一頁。
(23) 『社会科学研究報告』*Actes de la recherche en sciences sociales*、一九八六年九月号。
(24) 『知への意志』、一〇七―一二〇頁。
(25) 同書、一一七頁。
(26) 同書、一一六頁。
(27) 同書、一一七頁。
(28) 同書、一一八頁。フーコーは近代の権力は「法によってではなく技術によって、法律によってではなく規律化によって、刑罰によってではなく統制《コントロール》によって」作動していると説明している。
(29) 同書、一一七頁。「法の機構《システム》そのものが、暴力を行使するひとつのやり方にすぎないかった(強調はフェリーとルノーによる)。

(30) G・ドゥルーズ、前掲書、三八頁。
(31) ついでながら、確かに数は多くないもののフーコーの思想に「法に関する新しい哲学」を養うものを見いだそうと試みたひとびとの幸運を願っておこう。
(32) 『知への意志』、一二二頁。
(33) 同書、一二五―一二六頁。
(34) 同書、一二七頁。
(35) 同書、一二六頁。
(36) G・ドゥルーズ、前掲書、九八頁。
(37) 『知への意志』、一九〇頁（この文の一部がドゥルーズによって引用されている。九九頁）。
(38) 同書、一九一頁。

第四章

(1) たとえばS・ジュリによる一九八六年一二月の論説を参照されたい。学生たちの運動は大衆動員をかける形までとって、新自由主義的な方向におそるおそる踏み出した大学法案に反対したが、それでも予測を越えて、形式的民主主義の自由主義的枠組みを認めたのである。

(2) 雑誌『ル・デバ』四二号（一九八六年一一月—一二月）によってなされたアンケート「まだ左翼思想はあるか?」《Y a-t-il encore des idées de gauche?》。民主主義的左翼が、全体主義によって提起される問題を自分たちのものとするのに時間がかかったことについてはN・ラシーヌのすばらしい論説「ソヴィエト体制とフランスの社会主義者——一九二〇年—一九三六年」『スターリニズムの諸解釈』《Les socialistes français devant le régime soviétique (1920-1936)》*Les Interprétations du stalinisme*, Paris. P. U. F.、一九八三年を参照されたい。

(3) P・マナン編、『自由主義者たち』*Les Libéraux*, Paris, Livre de poche, Pluriel、一九八六年の序文をも参照されたい。

(4) この平等が非常に形式的に考えられていること、さらに言えば「同業者集団的に《コルポラティスト》」考えられていることは、ここで示された判断になんら変更を強いるものではない。

(5) 『大学の哲学』*Philosophie de l'Universite*, Paris, Payot、一九七九年を参照されたい。

(6) 『法、立法、そして自由』*Droit, législation et liberté*, Paris, P. U. F.、一九八一年、第二巻、一二四頁。〔邦訳、『ルールと秩序』、矢島均次・水吉俊彦訳、春秋社、一九九八年〕

(7) 同書、一〇二頁。

(8) F・エヴァルド『福祉国家』*L'État providence*, Paris, Grasset、一九八六年。
(9) よく知られているように、フーコーにとって歴史の裂け目はパリに総合救貧院《オピタル・ジェネラル》を設立した一六五六年の勅令のうちに見いだされる。
(10) F・エヴァルド、前掲書、九頁。
(11) 同書、五三一頁。
(12) L・フェリーおよびA・ルノー、『人権から共和主義の観念へ』を参照されたい。
(13) C・ルフォール、『政治的なものについての試論』*Essai sur le politique*, Paris, Seuil、一九八六年、四九頁。
(14) P・マナン編、前掲書、二九頁。
(15) C・ルフォール、前掲書、五〇頁。
(16) 他の場合にもしばしばそうであるように、ここでもトクヴィルはこの幻想を免れた数少ない自由主義者のひとりである。
(17) B・コンスタン、『近代人における自由』*De la liberté chez les Modernes*, Livre de poche, Pluriel、序文、七一頁以降。
(18) B・コンスタン、同書、七一頁。「言い換えれば、近代社会のダイナミズムは、自由主義的発見が両立不可能と見なすように促すこの生成のふたつの側面、すなわち国家による締めつけが徐々に過重になってくることと、個人の自由の領域を拡大させることを単に共存させるのみでなく、さらにこの両者を結びつけること、この両者が互いが互いを養いあうようにすることに成功したのである」。

(19) 同書、七九頁。

(20) とくに、この主題についてＰ・デルヴォルヴェが『フランス行政法雑誌』*La Revue française de droit administratif*、第一号、一九八五年、に書いた興味ある論説を参照されたい。

(21) 「公益事業と基本的人権《リベルテ・ピュブリック》」『プーヴォワール』《Service public et libertés publiques》*Pouvoirs*、三六号、一九八六年。

(22) これはとくに奨学金の恩恵に浴することができない中産階級についてあてはまる。

# 訳　注

## いくつかの疑問

（一）　一九八六年一二月、シラク内閣の文部大臣ドゥヴァケが立案した大学改革法案に対して、大学生のみならず、高校生をも巻きこんだ全国的な抗議行動が展開された。これは一九六八年五月革命以来最大規模の学生運動であり、動員人数では五月革命をもしのぐと言われる。警察の機動隊との衝突により死者も一名でた。

（二）　ドゥヴァケ法案は、学費の若干の値上げのほかに、原則的に大学入学資格試験（バカロレア）を通っていれば大学に入学できるという制度に多少の変更を加え、大学側に学生の選抜権を持たせようとするものであった。学生たちの反発を買ったのは、主にこの後者の措置だった。学生たちの抗議行動の結果、けっきょくこの法案は撤回された。

（三）　一九八一年の大統領選挙でミッテランが保守の現職大統領ジスカールデスタンをや

ぶって大統領職に就くと同時に社会党政権が誕生し、モロワ、ファビウスの両社会党内閣が相次いだが、一九八六年の総選挙では保守が勝利し、ミッテランは保守のリーダーのひとりシラクを首相に任命する。ここに社会党出身の大統領のもとで保守の首相という変則の事態が発生し、一九八八年まで続く。この状態を男女の同居という意味をも持つ語を用いて「コアビタシオン」と呼んでいる。その後も、やはりミッテラン大統領のもとでバラデュール内閣がコアビタシオンの内閣として成立した。二〇〇〇年現在、保守の大統領シラクのもとで社会党出身のジョスパンが首相をつとめるというかつてとは逆の形のコアビタシオンの内閣である。

(四) 社会党は一九八一年政権に就くと、主要な銀行や、ルノー(フランス最大の自動車会社)をはじめとするいくつかの主要企業を国営化した。これに対しシラク内閣は、国有化されたいくつかの企業を再び民営化し、さらにこれまですべて国有だったテレビ局のひとつをも民営化した。

(五) 一九八一年社会党が政権に就くと、教育の非宗教性の原則のもと、私立学校(主にカトリック系である)に対する国庫の援助を削減する方向を、また私立学校の半公立学校化をめざした。この方針は時の文部大臣サヴァリによって法案化されたが「教育に自由を!」のスローガンのもとに強力な運動を展開した保守派の圧力に抗しきれず、一九八四年一二月には大統領ミッテランが法案の撤回を宣言する。

（六）　前述のミッテラン大統領選出時の状況をさしている。訳注（三）を参照されたい。

（七）　六八年五月のリーダーのひとり。全国高等教員組合S.N.E.sup. の総書記を務めていた。

（八）　マルシェは六八年の当時フランス共産党副書記長。その後書記長。ソヴィエト共産党と距離を取っていた西ヨーロッパ各国共産党のうちにあって、ひとりマルシェの率いるフランス共産党だけは親ソヴィエト的であった。共産党は学生たちの運動を過激派のそれとして、この運動を労働組合運動、共産党主導の運動へと変質させようとした。ここではミッテランと並べられ、既成左翼の指導者として名前が出されている。

（九）　第二章訳注（一）参照。

（10）　喜劇俳優コリュッシュによって始められた貧民救済と社会的連帯をめざす運動。第一回はリルで始まり、一九八五年一二月二一日から翌年三月二六日までおこなわれ、一日二〇万食を提供した。

（11）　フランスの高等教育は大学universitésのみによってではなく高等専門学校Grandes Écolesと総称される一群の学校によって担われている。大学が原則として大学入学資格試験（バカロレア）に通っていれば入学できるのに対し、これらの学校に入学するためには大学入学資格取得後さらに数年の準備期間を経た後におこなわれる各学校の入学試験に合格しなければならない。したがって一般に大学よりはるかに格が高いと考えられており、学生も優秀な者が多い。代表的なものとしては高等師範学校、国立行政学院、理工科専門学校等がある。

（三）一一歳から一二歳の学齢に相当する。

第一章

（一）フランス革命により成立した国民議会は、一七八九年八月四日、封建的諸特権の廃止を決定した。

（二）邦訳、渡辺公三訳、水声社、一九八七年。

（三）ここに言う「団体《アソシアシオン》」とは、政治制度として規定された自治体や国家以外のそれ、たとえば商工業団体、宗教団体、その他さまざまの団体のことを指している。トクヴィルはアメリカ社会の特徴として、これらの団体の種類が多様であり、数も多く、しかもその活動が活発であることをあげている。詳しくは『アメリカの民主政治』下巻、第二篇、第五章、第六章、第七章〔井伊玄太郎訳、講談社学術文庫、一九八七年〕を参照されたい。

（四）第二章、五七頁参照。

（五）邦訳、高峯一愚訳、論創社、一九八三年。

## 第二章

（一）六八年五月のリーダーのひとり。パリ大学ナンテール校で社会学を学ぶ学生だった彼は、「三月二二日の運動」グループ（次訳注参照）のリーダーとして、五月革命のあいだ、一貫して運動のもっともよく知られたリーダーだった。彼はドイツ国籍を持ち、五月の事件の渦中、五月二二日に国外追放処分になるが同二八日ひそかにフランスに戻る。一九六八年から一九七八年まで彼に対してフランスへの入国禁止措置が取られていた。現在ではヨーロッパを広く活動範囲としたエコロジスムの活動家として知られ、一九九九年のフランスの欧州議会選挙では「緑の党」のリストを率いて同党の党勢拡大に成功した。

（二）五月革命はパリ大学ナンテール校で管理棟が学生グループによって六八年三月二二日に占拠されたことを発端として始まった。このグループは運動がパリ大学各校に飛び火していく過程でも、もっとも過激な主張で運動をリードし「三月二二日の運動」グループと呼ばれている。

（三）本書が書かれた八六年当時首相を務めていたのは共和国連合（ド・ゴール派）のリーダー、ジャック・シラクである。

（四）六八年の五月革命当初、社会主義者と急進社会主義者のグループであるFGDS（「民主的左翼と社会主義連盟」）を率いていたミッテランは大統領ド・ゴールおよび首相ポンピドゥーの態度を非難しつつも、学生に対しても積極的支持を示さず、なるべくマスコミに登場しないようにして意見表明を避けていた。世論が学生たちに好意的とわかると、ミッテランも学生の側に立って姿を現すが、ド・ゴール政権が倒れた後に政権を担当する左翼陣営の頭をミッテランとするか、あるいは統一社会党の長老マンデス＝フランスとするかという点をめぐって確執が続き、ミッテランが完全に左翼側の唯一の代表という形はとれなかった。

（五）六八年当時ひとりフランスのみならず、西側世界全体で体制に反対する学生の抗議運動が盛り上がったが、オランダのアムステルダムの過激派は「プロヴォ」（煽動者、挑発者の意）と呼ばれた。

（六）Pierre Bourdieu et Jean Passerons, *Les héritiers : les étudiants et la culture*, Éd. de Minuit, 1964〔邦訳、石井洋二郎監訳、藤原書店、一九九七年〕

（七）ブルデューを中心とし、また指導者とする学際的な共同研究グループ「ヨーロッパ社会学センター」を発行母体とする研究誌である。

（八）*Surveiller et Punir : naissance de la prison*, Gallimard, 1975〔邦訳、『監獄の誕生――監視と処罰』、田村俶訳、新潮社、一九七七年〕

（九）ベルナール・タピ。フランス有数の資産家であり、とくに苦境に陥った企業の立て直しに手腕を発揮した。テレビ等メディアへの出演も多く、財界人の中ではもっともメディア的人物であった。その後ブッシュ・デュ・ローヌ県から無所属で代議士に選出され社会党に近い立場を取り閣僚をもつとめたが、疑獄事件に連座し逮捕された。ここでは学生たちがタピのような人物にひそかになりたがっていることを諷し、後出の「タピ的大学」とは、そのような学生たちを抱えている現状を諷している。

### 第三章

〔一〕『ツァラトゥストゥラはこう語った』、第二部、「自己超克について」。

〔二〕アメリカの思想家。ドイツ生まれで、ヤスパース、ハイデガーに学ぶ。ナチスの政権獲得後アメリカに亡命し各地で教える。彼女の関心は二〇世紀特有の現象である全体主義の分析にあった。〔邦訳『全体主義の起源』全三巻、大久保他訳、みすず書房、一九七二年、一九八一年〕

### 第四章

〔一〕オーストリア生まれの経済学者。自由主義者として、自由市場が持つ調整メカニズムに介入する政策に反対し続けた。

〔二〕Michel Foucault, *Raison et déraison. Histoire de la Folie à l'âge classique*, Plon, 1961〔邦訳、『狂気の歴史——古典主義時代における』、田村俶訳、新潮社、一九七五

年〕

（三）　フランスの法学者。行政法の権威で、二〇世紀の法思想に多大の影響を与える。

（四）　社会党の政治家。一九八四年、サヴァリの後任の文部大臣となる。

# 訳者あとがき

本書はリュック・フェリーとアラン・ルノーの共著 *68-86, Itinéraires de l'individu*, Gallimard, 1987の全訳である。この本は、フェリー、ルノーの共著になる *Penseé 68, Essai sur l'anti-humanisme contemporain*, Gallimard, 1985（邦訳、『68年の思想——現代反 - 人間主義批判』、小野潮訳、法政大学出版局、一九九八年）と色を変えただけの同じ装丁でその原著が出版されており、内容的にもその補遺、あるいは続編的性質を備えている。

ここで補遺、続編と言うのには二つの側面がある。ひとつは『68年の思想』が出版された八五年の翌年の暮に勃発した学生運動の昂揚があり、これが『68年の思想』で提示された六八年〈五月〉を個人主義的運動とする解釈に対する反証となるのではないかという問いに対するフェリー、ルノーの側からする回答ということであり、もうひとつはこれとまるで無関係ではないが同書で示された〈68年の思想〉についての考え方への批判に対する回答ということである。したがって、本書は『68年の思想』との関連で読まれる必要があり、読者諸賢におかれても同書と本書を併せてお読みくださるようお願いしたい。

　フェリーとルノーについては、すでに『68年の思想』の「あとがき」にも紹介し、またその後、堀茂樹氏が雑誌『大航海』（二〇〇〇年六月、通巻三四号、新書館）に、邦訳が出ている書籍についての解題を含む丁寧な解説文を書いておられるので、それを参照していただきたい。


　一九八六年十二月にフランスで起きた学生・高校生による騒擾は、動員の規模において、六八年のそれを上回るものであり、またこの六八年と八六年の間に目だった学生の騒擾がなかったこともあって、それを観察する者にとって六八年のそれと比較したくなる性質のものであったことは当然である。

　ところがこの八六年の学生運動は奇妙なことに多くの点で六八年の学生運動と対照的な特徴を持っていた。それは八六年の学生たちが示した非政治主義であり、順法主義であった。この運動に参加した学生たちは六八年の学生たちのように過激に陥ることなく、極端に左翼主義的な言動を示したり、また自主管理を要求したり、社会全般にわたる根底的な転覆を夢見たりすることもなく、具体的な大学改革法案に的を絞った反対運動を、しかも非常に順法的な仕方でおこなったのである。

　六八年の昂揚にノスタルジーを抱き、六八年が掲げた理想がその後のフランス社会の動きの中で無効にされてきたと感じてきたひとびとが、この八六年の騒擾を六八年の昂揚の再来として、また六八年の諸要求を抑圧してきた社会への反抗としてとらえたことは、本書に引用されているカストリアディス、ブルデューといったひとびとの言葉から察することができる。彼らにとっては、この八六年の学生たちの動きは〈五月〉を個人主義的という観点から解釈することの不当性を明るみに出すものであった。

これに対しフェリーとルノーが示そうとするのは、八六年の学生騒擾は六八年〈五月〉がまさしく個人主義の進展の一段階であったことをあらためて証明するものであったということである。そして六八年〈五月〉、八〇年代初頭、最後に八六年の学生騒擾をその個人主義の進展の過程として提示しようとしている。そのために彼らがおこなっているのは、個人主義をフランス大革命をもその一段階とする大きなスパンをもった展望のうちへと位置付けることである。その論理の概要を示せば次のようになろう。

フランス大革命以前から準備され、フランス大革命によって白日の下に炸裂した革命的個人主義にはふたつの特徴がある。それは第一に平等の名による身分差別に対する個人の反抗であり、第二に個人が自律の意味に解された自由の名において伝統を告発することである。フランス大革命時には、貴族、僧侶、平民といった身分差別への反抗であったこの個人主義の論理は、その後は法律的・形式的平等にとどまらない実質的平等への要求、また社会が機構（システム）と化して個人の自律を妨げることへの反抗として、十九世紀の諸革命、六八年〈五月〉、そして八六年の学生騒擾までをも一貫して推進する力であり続けている。すなわちフェリーとルノーは、個人主義を「近代人の自由の無気力な利己主義」に還元することを止め、ここ数世紀を貫流する個人主義の論理の根本に立ち返るならば、六八年も八〇年代初頭の私生活への閉じこもりも、さらには八六年の学生騒擾すらもがこの個人主義の進展の過程の一点であることは自ずと明らかだとしているのである。そしてここで彼らが注意をすべきだとしている点は、運動が集団的な形をとって現れることは、その集団の要求が個人主義的なものである場合には、その運動の個人主義的性格をいささかも否定するものではないという点である。

こうして、フェリー、ルノーは八六年の学生騒擾を、『68年の思想』で提示された運動の個人主義的解釈を否定するものでなくむしろさらにはっきりとそれを例証するものとして提示するのだが、こうした解釈に対する反対意見の代表的なものとしてカストリアディスのそれを二人は取り上げている。

フェリーとルノー、そしてカストリアディスは〈五月〉の解釈においては対立しているが、フェリーとルノーが「68年の思想」と呼びカストリアディスが「フランスのイデオロギー」と呼ぶ、フーコー、デリダ、ブルデュー、アルチュセール、ラカンといった固有名詞で代表される系譜学の思想に対する批判を共有している。またこれらの思想家たちの隆盛は八〇年代初頭の無気力なナルシス的個人主義の勃興と随伴した現象であるという認識を共有している。

二人とカストリアディスの意見が分かれるのは、ひとつには〈五月〉の性格を個人主義との関係でどのように捉えるか、ふたつには〈五月〉と「68年の思想」の関係についてである。

〈五月〉の性格をどのように考えるかについては、実はフェリー、ルノーとカストリアディスの間にけっきょくそれほどの違いはないというのがフェリー、ルノーの見方である。〈五月〉は機構に対する個人の自律、伝統に対する個人の反抗であった。違いはそれを個人主義と呼ぶか否かだけである。カストリアディスは「個人主義」を「利己主義」の同義と考え、これを肯んぜず、フェリー・ルノーはこうした性格こそ個人主義の基本的な特徴として「利己主義」は「個人主義」の逸脱した傾向とするのである。

そしてさらにフェリー、ルノーが問うのは〈五月〉は失敗した政治運動であったのか、成功した社会運動であったのかという点である。カストリアディスは〈五月〉の渦中で現われたさまざまな政治的スローガン、とくに自主管理の要求がその後の社会の動きの中でなし崩しにされ、公共的なことがらへの関心が失われ、私生活の価値が強調された八〇年代初頭の状況を踏まえて〈五月〉が失敗した政治運動であると捉えるのだが、フェリー、ルノーはそうした政治的要求は実は運動の底流には関わりのない政治的小グループのものであり、既成左翼が体制に組み込まれて、運動の結集軸を示せなかったために仮に採用されたものに過ぎなかったとするのである。そして「68年世代」のその後の動きは、80年代初頭の私生活への閉じこもりを許す社会的条件をこそ〈五月〉の運動は欲していたことを示しており、その限りにおいて〈五月〉は予想を遙かに越えて成功した社会運動だとするのである。

カストリアディスと二人の間のもうひとつの見解の相違は〈五月〉の運動と二人が「68年の思

想」と呼ぶものの関係である。カストリアディスがこうした思想群と〈五月〉の運動が無関係であったとするのに対し、フェリー、ルノーはとくに「68年の思想」のマルクス主義的要素、アルチュセールやブルデューの思想の影響は運動の過程でも顕在的に観察できたことを具体的に例をあげながら主張している。またフーコーやラカンの思想の〈五月〉の運動との顕在的な関係については述べられていないものの、六八年前後におけるこうした思想家たちの書物の流行とこの時期の時代思潮との関係は疑い得ないものだとしている。

カストリアディスはフェリー、ルノーの言う「68年の思想家」には含まれないが、この「68年の思想家たち」のうちからフェリー、ルノーが本書で取り上げているのはフーコー、そしてそれに付随してフーコーの解釈者としてのドゥルーズである。そして彼らが取り上げられるのは、先に述べた八六年の運動の順法主義に関係して、法についての考え方の検討という文脈においてである。

フェリーとルノーが問題にするのは、ニーチェに影響を受けたフーコーのような考え方をもってしては、法の価値を再評価し、法の価値に復帰しようとする現在の社会の動きを解釈することはおろか、問題として設定することすらできないという点である。

ニーチェは〈生〉は力への意志であり、また力への意志はすべからくさらなる力への意志だとする。この場合、法はその時々の力と力の闘争の状態に満足している強者が、その状態を永続化するために持ち出すものに過ぎなくなる。したがってフーコーはこの考え方をもとにして、社会的局面においても歴史的局面においても、すべてを権力の観点から分析しようとするのだが、こうした権力の分析法はフェリー、ルノーによれば、法の領域を偽装された暴力へと還元し、権力を法という観点から分析することを拒否させ、けっきょくは法治国家の価値下落という結果をもたらす。

またこうした見方をとっていては、権力と権力に対する抵抗の問題を扱うことができないという困難が生じる。すなわちこうした分析法をもってしては、すべてが力を、あるいはさらなる力を追い求める場である〈生〉において、あるものを権力とし、あるものをその権力に対する抵抗とそれぞれを同定することができず、もしそれができるとすれば、非常に恣意的な仕方で、すなわち一度は放擲したはずの価値評価をこっそりと再導入するような仕方にならざるを得ず、こうした見方によっては不正と見なされる権力あるいは法律に対する正当な抵抗という問題を解決することができないとするのである。

最後にルノーとフェリーが取り上げるのは、「68年の思想」的な考え方では把握しにくいと彼らが考える法的なものへの回帰において現われる、相互に矛盾すると思われるふたつの形態をどのように理解すべきかという問題である。それは一方では、自由主義的な価値の復興であり、それは人権への参照、また形式的民主主義の尊重という形で現われている。ところが一方で、そうした自由主義的価値と対立するかのように福祉国家に対する絶えず増大する要求がある。国家の介入を嫌う傾向の強い自由主義と、国家の介入なしには考え得ない福祉国家の維持、その機能強化の間に矛盾はないのだろうか。この後者の要求はそもそもこの本を書かせるきっかけとなった八六年の学生騒擾においても顕著な形で現われていた。国家は失業問題を解決するだけでなく、市民社会における連帯と平等を保証すること、さらに公益事業の利用者が、現実によって侵されるべきではないと考える既得の社会的権利にも責任を持つことを要求されていたのである。

ここでのフェリーとルノーの見解は先に述べた個人主義についての彼らの見解と相同的なものである。すなわち大革命以前にその前史をもち、大革命において白日の下に炸裂した個人主義がその論理を貫徹しつつ、六八年〈五月〉、八〇年代の私生活への引きこもり、八六年の学生騒擾を引き起こしていたとされるのと平行した形で、革命時において自由主義は個人の伝統的社会の身分制社会からの解放を約束し、社会階層の平準化を押し進めるが、福祉国家に対する増大する要求は、社会階層の平準化、そして伝統からの個人の自律というふたつの約束を実効あらしめるためのものだというのである。自由主義の形式主義に対する社会批判がめざすところは、その自由主義自体がした約束を実現させるためのものなのである。

フェリーとルノーが八六年の学生騒擾事件をきっかけとして上梓したこの書物は、その事件の直後に書かれた（八六年十二月に書かれ、翌月の八七年一月には出版されている）が、事件に対する彼らの短兵急なリアクションに発するものでなく、彼らが長年にわたっておこなってきた思想的営為の中の重要な一段階をなしていることは、本書で大きな主題になっている「法的なものへの回帰」と、これを扱かおうとすれば「68年の思想」が示さざるを得ない無力が八五年の彼らの共著『政治哲学3――人権から共和主義の観念へ』ですでに大きな主題であり、またアラン・ルノー総監修でルノー自身も相当部分を担当し、またフェリーも協力しているカルマン・レヴィ書店から一九九九年に出版された五巻本の『政治哲学史』においても大きなトピックとなっていることを見れば十分に了解されるであろう。

本書の翻訳においても『68年の思想』の翻訳時と同様、多くの方々から貴重な御教示を賜った。とくに石巻専修大学の松崎俊之助教授には多忙な中、訳稿の相当部分について詳細な検討を加えた上、数少なくない誤りを正していただいた。心からの感謝を捧げたい。また法政大学出版局の松永辰郎氏にも『68年の思想』の出版時と同様に、懇切丁寧に導いていただいた。この場を借りてお礼を申し上げたい。

二〇〇〇年八月二一日

小　野　　潮

《叢書・ウニベルシタス　692》
68年－86年 個人の道程

2000年10月15日　初版第１刷発行

リュック・フェリー／アラン・ルノー
小野　潮 訳
発行所　財団法人　法政大学出版局
〒102-0073 東京都千代田区九段北3-2-7
電話03(5214)5540／振替00160-6-95814
製版，印刷　三和印刷／鈴木製本所

Printed in Japan

ISBN4-588-00692-4

著者

リュック・フェリー（Luc Ferry）

アラン・ルノー（Alain Renaut）

リュック・フェリーは1951年生まれ．パリ第七大学教授．著書に『政治哲学』I～III（1984-85），『美的人間——民主主義時代における美的センスの開発』，『エコロジーの新秩序』（1992）（メディシス賞受賞）などがある．近著としてアンドレ・コント＝スポンヴィルとの討議の形式で現代の哲学的課題を取り上げ話題を呼んだ『近代人の叡智』（1998），作家のフィリップ・ソレルスとの討議を付した『美の感覚』（1998）等がある．

アラン・ルノーは1948年生まれ．パリ第四大学＝ソルボンヌ大学教授．著書に『個人の時代』（1989），『サルトル，最後の哲学者』（1993）などがある．近著として『アルテル・エゴ，民主主義的アイデンティティーの逆説』（1999），『カントの現在』（1999）がある他，カルマン＝レヴィ書店から上梓された五巻からなる『政治哲学史』の総監修者でもある．

両者は本書（1987）をはじめ，『68年の思想』（1985），『ハイデガーと近代人』（1988），『反ニーチェ』（1991）などの共著者として知られ，また「コレージュ・ド・フィロゾフィー」叢書の監修者としても知られている．

また二人はフランスにおける哲学教育をめぐる議論においても積極的に発言し，1999年には共著で『18歳で哲学すること』を上梓している．

訳者

小野　潮（おの　うしお）

1955年宮城県に生まれる，東北大学大学院博士課程単位取得修了．現在中央大学文学部教授．19世紀フランス文学専攻．著書に『危機を読む』（白水社，共著），『モダン都市と文学』（洋泉社，共著），訳書に『68年の思想——現代の反‐人間主義への批判』（法政大学出版局）がある．

## 叢書・ウニベルシタス

| | | | | (頁) |
|---|---|---|---|---|
| 1 | 芸術はなぜ心要か | E.フィッシャー／河野徹訳 | 品切 | 302 |
| 2 | 空と夢〈運動の想像力にかんする試論〉 | G.バシュラール／宇佐見英治訳 | | 442 |
| 3 | グロテスクなもの | W.カイザー／竹内豊治訳 | | 312 |
| 4 | 塹壕の思想 | T.E.ヒューム／長谷川鉱平訳 | | 316 |
| 5 | 言葉の秘密 | E.ユンガー／菅谷規矩雄訳 | | 176 |
| 6 | 論理哲学論考 | L.ヴィトゲンシュタイン／藤本, 坂井訳 | | 350 |
| 7 | アナキズムの哲学 | H.リード／大沢正道訳 | | 318 |
| 8 | ソクラテスの死 | R.グアルディーニ／山村直資訳 | | 366 |
| 9 | 詩学の根本概念 | E.シュタイガー／高橋英夫訳 | | 334 |
| 10 | 科学の科学〈科学技術時代の社会〉 | M.ゴールドスミス, A.マカイ編／是永純弘訳 | | 346 |
| 11 | 科学の射程 | C.F.ヴァイツゼカー／野田, 金子訳 | | 274 |
| 12 | ガリレオをめぐって | オルテガ・イ・ガセット／マタイス, 佐々木訳 | | 290 |
| 13 | 幻影と現実〈詩の源泉の研究〉 | C.コードウェル／長谷川鉱平訳 | | 410 |
| 14 | 聖と俗〈宗教的なるものの本質について〉 | M.エリアーデ／風間敏夫訳 | | 286 |
| 15 | 美と弁証法 | G.ルカッチ／良知, 池田, 小箕訳 | | 372 |
| 16 | モラルと犯罪 | K.クラウス／小松太郎訳 | | 218 |
| 17 | ハーバート・リード自伝 | 北條文緒訳 | | 468 |
| 18 | マルクスとヘーゲル | J.イッポリット／宇津木, 田口訳 | 品切 | 258 |
| 19 | プリズム〈文化批判と社会〉 | Th.W.アドルノ／竹内, 山村, 板倉訳 | | 246 |
| 20 | メランコリア | R.カスナー／塚越敏訳 | | 388 |
| 21 | キリスト教の苦悶 | M.de ウナムーノ／神吉, 佐々木訳 | | 202 |
| 22 | アインシュタイン／ゾンマーフェルト往復書簡 | A.ヘルマン編／小林, 坂口訳 | 品切 | 194 |
| 23<br>24 | 群衆と権力(上・下) | E.カネッティ／岩田行一訳 | | 440<br>356 |
| 25 | 問いと反問〈芸術論集〉 | W.ヴォリンガー／土肥美夫訳 | | 272 |
| 26 | 感覚の分析 | E.マッハ／須藤, 廣松訳 | | 386 |
| 27<br>28 | 批判的モデル集(I・II) | Th.W.アドルノ／大久保健治訳 | 〈品切<br>品切〉 | I 232<br>II 272 |
| 29 | 欲望の現象学 | R.ジラール／古田幸男訳 | | 370 |
| 30 | 芸術の内面への旅 | E.ヘラー／河原, 杉浦, 渡辺訳 | 品切 | 284 |
| 31 | 言語起源論 | ヘルダー／大阪大学ドイツ近代文学研究会訳 | | 270 |
| 32 | 宗教の自然史 | D.ヒューム／福鎌, 斎藤訳 | | 144 |
| 33 | プロメテウス〈ギリシア人の解した人間存在〉 | K.ケレーニイ／辻村誠三訳 | 品切 | 268 |
| 34 | 人格とアナーキー | E.ムーニエ／山崎, 佐藤訳 | | 292 |
| 35 | 哲学の根本問題 | E.ブロッホ／竹内豊治訳 | | 194 |
| 36 | 自然と美学〈形体・美・芸術〉 | R.カイヨワ／山口三夫訳 | | 112 |
| 37<br>38 | 歴史論(I・II) | G.マン／加藤, 宮野訳 | I・品切<br>II・品切 | 274<br>202 |
| 39 | マルクスの自然概念 | A.シュミット／元浜清海訳 | | 316 |
| 40 | 書物の本〈西欧の書物と文化の歴史. 書物の美学〉 | H.プレッサー／轡田収訳 | | 448 |
| 41<br>42 | 現代への序説(上・下) | H.ルフェーヴル／宗, 古田監訳 | | 220<br>296 |
| 43 | 約束の地を見つめて | E.フォール／古田幸男訳 | | 320 |
| 44 | スペクタクルと社会 | J.デュビニョー／渡辺淳訳 | 品切 | 188 |
| 45 | 芸術と神話 | E.グラッシ／榎本久彦訳 | | 266 |
| 46 | 古きものと新しきもの | M.ロベール／城山, 島, 円子訳 | | 318 |
| 47 | 国家の起源 | R.H.ローウィ／古賀英三郎訳 | | 204 |
| 48 | 人間と死 | E.モラン／古田幸男訳 | | 448 |
| 49 | プルーストとシーニュ(増補版) | G.ドゥルーズ／宇波彰訳 | | 252 |
| 50 | 文明の滴定〈科学技術と中国の社会〉 | J.ニーダム／橋本敬造訳 | 品切 | 452 |
| 51 | プスタの民 | I.ジュラ／加藤二郎訳 | | 382 |

| | | | | (頁) |
|---|---|---|---|---|
| 52<br>53 | 社会学的思考の流れ（I・II） | R.アロン／北川, 平野, 他訳 | | 350<br>392 |
| 54 | ベルクソンの哲学 | G.ドゥルーズ／宇波彰訳 | | 142 |
| 55 | 第三帝国の言語LTI〈ある言語学者のノート〉 | V.クレムペラー／羽田, 藤平, 赤井, 中村訳 | 品切 | 442 |
| 56 | 古代の芸術と祭祀 | J.E.ハリスン／星野徹訳 | | 222 |
| 57 | ブルジョワ精神の起源 | B.グレトゥイゼン／野沢協訳 | | 394 |
| 58 | カントと物自体 | E.アディッケス／赤松常弘訳 | | 300 |
| 59 | 哲学的素描 | S.K.ランガー／塚本, 星野訳 | | 250 |
| 60 | レーモン・ルーセル | M.フーコー／豊崎光一訳 | | 268 |
| 61 | 宗教とエロス | W.シューバルト／石川, 平田, 山本訳 | 品切 | 398 |
| 62 | ドイツ悲劇の根源 | W.ベンヤミン／川村, 三城訳 | | 316 |
| 63 | 鍛えられた心〈強制収容所における心理と行動〉 | B.ベテルハイム／丸山修吉訳 | | 340 |
| 64 | 失われた範列〈人間の自然性〉 | E.モラン／古田幸男訳 | | 308 |
| 65 | キリスト教の起源 | K.カウツキー／栗原佑訳 | | 534 |
| 66 | ブーバーとの対話 | W.クラフト／板倉敏之訳 | | 206 |
| 67 | プロデメの変貌〈フランスのコミューン〉 | E.モラン／宇波彰訳 | | 450 |
| 68 | モンテスキューとルソー | E.デュルケーム／小関, 川喜多訳 | 品切 | 312 |
| 69 | 芸術と文明 | K.クラーク／河野徹訳 | | 680 |
| 70 | 自然宗教に関する対話 | D.ヒューム／福鎌, 斎藤訳 | | 196 |
| 71<br>72 | キリスト教の中の無神論（上・下） | E.ブロッホ／竹内, 高尾訳 | | 234<br>304 |
| 73 | ルカーチとハイデガー | L.ゴルドマン／川俣晃自訳 | | 308 |
| 74 | 断　想　1942—1948 | E.カネッティ／岩田行一訳 | | 286 |
| 75<br>76 | 文明化の過程（上・下） | N.エリアス／吉田, 中村, 波田, 他訳 | | 466<br>504 |
| 77 | ロマンスとリアリズム | C.コードウェル／玉井, 深井, 山本訳 | | 238 |
| 78 | 歴史と構造 | A.シュミット／花崎皋平訳 | | 192 |
| 79<br>80 | エクリチュールと差異（上・下） | J.デリダ／若桑, 野村, 阪上, 三好, 他訳 | | 378<br>296 |
| 81 | 時間と空間 | E.マッハ／野家啓一編訳 | | 258 |
| 82 | マルクス主義と人格の理論 | L.セーヴ／大津真作訳 | | 708 |
| 83 | ジャン=ジャック・ルソー | B.グレトゥイゼン／小池健男訳 | | 394 |
| 84 | ヨーロッパ精神の危機 | P.アザール／野沢協訳 | | 772 |
| 85 | カフカ〈マイナー文学のために〉 | G.ドゥルーズ, F.ガタリ／宇波, 岩田訳 | | 210 |
| 86 | 群衆の心理 | H.ブロッホ／入野田, 小崎, 小岸訳 | 品切 | 580 |
| 87 | ミニマ・モラリア | Th.W.アドルノ／三光長治訳 | | 430 |
| 88<br>89 | 夢と人間社会（上・下） | R.カイヨワ, 他／三好郁郎, 他訳 | | 374<br>340 |
| 90 | 自由の構造 | C.ベイ／横越英一訳 | | 744 |
| 91 | 1848年〈二月革命の精神史〉 | J.カスー／野沢協, 他訳 | | 326 |
| 92 | 自然の統一 | C.F.ヴァイツゼカー／斎藤, 河井訳 | 品切 | 560 |
| 93 | 現代戯曲の理論 | P.ションディ／市村, 丸山訳 | 品切 | 250 |
| 94 | 百科全書の起源 | F.ヴェントゥーリ／大津真作訳 | 品切 | 324 |
| 95 | 推測と反駁〈科学的知識の発展〉 | K.R.ポパー／藤本, 石垣, 森訳 | | 816 |
| 96 | 中世の共産主義 | K.カウツキー／栗原佑訳 | | 400 |
| 97 | 批評の解剖 | N.フライ／海老根, 中村, 出淵, 山内訳 | | 580 |
| 98 | あるユダヤ人の肖像 | A.メンミ／菊地, 白井訳 | | 396 |
| 99 | 分類の未開形態 | E.デュルケーム／小関藤一郎訳 | 品切 | 232 |
| 100 | 永遠に女性的なるもの | H.ド・リュバック／山崎庸一郎訳 | | 360 |
| 101 | ギリシア神話の本質 | G.S.カーク／吉田, 辻村, 松田訳 | 品切 | 390 |
| 102 | 精神分析における象徴界 | G.ロゾラート／佐々木孝次訳 | | 508 |
| 103 | 物の体系〈記号の消費〉 | J.ボードリヤール／宇波彰訳 | | 280 |

| | | | | (頁) |
|---|---|---|---|---|
| 104 | 言語芸術作品〔第2版〕 | W.カイザー／柴田斎訳 | 品切 | 688 |
| 105 | 同時代人の肖像 | F.ブライ／池内紀訳 | | 212 |
| 106 | レオナルド・ダ・ヴィンチ〔第2版〕 | K.クラーク／丸山, 大河内訳 | | 344 |
| 107 | 宮廷社会 | N.エリアス／波田, 中埜, 吉田訳 | | 480 |
| 108 | 生産の鏡 | J.ボードリヤール／宇波, 今村訳 | | 184 |
| 109 | 祭祀からロマンスへ | J.L.ウェストン／丸小哲雄訳 | | 290 |
| 110 | マルクスの欲求理論 | A.ヘラー／良知, 小箕訳 | | 198 |
| 111 | 大革命前夜のフランス | A.ソブール／山崎耕一訳 | 品切 | 422 |
| 112 | 知覚の現象学 | メルロ=ポンティ／中島盛夫訳 | | 904 |
| 113 | 旅路の果てに〈アルペイオスの流れ〉 | R.カイヨワ／金井裕訳 | | 222 |
| 114 | 孤独の迷宮〈メキシコの文化と歴史〉 | O.パス／高山, 熊谷訳 | | 320 |
| 115 | 暴力と聖なるもの | R.ジラール／古田幸男訳 | | 618 |
| 116 | 歴史をどう書くか | P.ヴェーヌ／大津真作訳 | | 604 |
| 117 | 記号の経済学批判 | J.ボードリヤール／今村, 宇波, 桜井訳 | 品切 | 304 |
| 118 | フランス紀行〈1787, 1788&1789〉 | A.ヤング／宮崎洋訳 | | 432 |
| 119 | 供　犠 | M.モース, H.ユベール／小関藤一郎訳 | | 296 |
| 120 | 差異の目録〈歴史を変えるフーコー〉 | P.ヴェーヌ／大津真作訳 | 品切 | 198 |
| 121 | 宗教とは何か | G.メンシング／田中, 下宮訳 | | 442 |
| 122 | ドストエフスキー | R.ジラール／鈴木晶訳 | | 200 |
| 123 | さまざまな場所〈死の影の都市をめぐる〉 | J.アメリー／池内紀訳 | | 210 |
| 124 | 生　成〈概念をこえる試み〉 | M.セール／及川馥訳 | | 272 |
| 125 | アルバン・ベルク | Th.W.アドルノ／平野嘉彦訳 | | 320 |
| 126 | 映画　あるいは想像上の人間 | E.モラン／渡辺淳訳 | | 320 |
| 127 | 人間論〈時間・責任・価値〉 | R.インガルデン／武井, 赤松訳 | | 294 |
| 128 | カント〈その生涯と思想〉 | A.グリガ／西牟田, 浜田訳 | | 464 |
| 129 | 同一性の寓話〈詩的神話学の研究〉 | N.フライ／駒沢大学フライ研究会訳 | | 496 |
| 130 | 空間の心理学 | A.モル, E.ロメル／渡辺淳訳 | | 326 |
| 131 | 飼いならされた人間と野性的人間 | S.モスコヴィッシ／古田幸男訳 | | 336 |
| 132 | 方　法　1. 自然の自然 | E.モラン／大津真作訳 | 品切 | 658 |
| 133 | 石器時代の経済学 | M.サーリンズ／山内昶訳 | | 464 |
| 134 | 世の初めから隠されていること | R.ジラール／小池健男訳 | | 760 |
| 135 | 群衆の時代 | S.モスコヴィッシ／古田幸男訳 | 品切 | 664 |
| 136 | シミュラークルとシミュレーション | J.ボードリヤール／竹原あき子訳 | | 234 |
| 137 | 恐怖の権力〈アブジェクシオン〉試論 | J.クリステヴァ／枝川昌雄訳 | | 420 |
| 138 | ボードレールとフロイト | L.ベルサーニ／山縣直子訳 | | 240 |
| 139 | 悪しき造物主 | E.M.シオラン／金井裕訳 | | 228 |
| 140 | 終末論と弁証法〈マルクスの社会・政治思想〉 | S.アヴィネリ／中村恒矩訳 | 品切 | 392 |
| 141 | 経済人類学の現在 | F.プイヨン編／山内昶訳 | | 236 |
| 142 | 視覚の瞬間 | K.クラーク／北條文緒訳 | | 304 |
| 143 | 罪と罰の彼岸 | J.アメリー／池内紀訳 | | 210 |
| 144 | 時間・空間・物質 | B.K.ライドレー／中島龍三訳 | 品切 | 226 |
| 145 | 離脱の試み〈日常生活への抵抗〉 | S.コーエン, N.テイラー／石黒毅訳 | | 321 |
| 146 | 人間怪物論〈人間脱走の哲学の素描〉 | U.ホルストマン／加藤二郎訳 | | 206 |
| 147 | カントの批判哲学 | G.ドゥルーズ／中島盛夫訳 | | 160 |
| 148 | 自然と社会のエコロジー | S.モスコヴィッシ／久米, 原訳 | | 440 |
| 149 | 壮大への渇仰 | L.クローネンバーガー／岸, 倉田訳 | | 368 |
| 150 | 奇蹟論・迷信論・自殺論 | D.ヒューム／福鎌, 斎藤訳 | | 200 |
| 151 | クルティウス-ジッド往復書簡 | ディークマン編／円子千代訳 | | 376 |
| 152 | 離脱の寓話 | M.セール／及川馥訳 | | 178 |

| | | | | (頁) |
|---|---|---|---|---|
| 153 | エクスタシーの人類学 | I.M.ルイス／平沼孝之訳 | | 352 |
| 154 | ヘンリー・ムア | J.ラッセル／福田真一訳 | | 340 |
| 155 | 誘惑の戦略 | J.ボードリヤール／宇波彰訳 | | 260 |
| 156 | ユダヤ神秘主義 | G.ショーレム／山下, 石丸, 他訳 | | 644 |
| 157 | 蜂の寓話〈私悪すなわち公益〉 | B.マンデヴィル／泉谷治訳 | | 412 |
| 158 | アーリア神話 | L.ポリアコフ／アーリア主義研究会訳 | | 544 |
| 159 | ロベスピエールの影 | P.ガスカール／佐藤和生訳 | | 440 |
| 160 | 元型の空間 | E.ゾラ／丸小哲雄訳 | | 336 |
| 161 | 神秘主義の探究〈方法論的考察〉 | E.スタール／宮元啓一, 他訳 | | 362 |
| 162 | 放浪のユダヤ人〈ロート・エッセイ集〉 | J.ロート／平田, 吉田訳 | | 344 |
| 163 | ルフー，あるいは取壊し | J.アメリー／神崎巌訳 | | 250 |
| 164 | 大世界劇場〈宮廷祝宴の時代〉 | R.アレヴィン, K.ゼルツレ／円子修平訳 | 品切 | 200 |
| 165 | 情念の政治経済学 | A.ハーシュマン／佐々木, 旦訳 | | 192 |
| 166 | メモワール〈1940-44〉 | レミ／築島謙三訳 | | 520 |
| 167 | ギリシア人は神話を信じたか | P.ヴェーヌ／大津真作訳 | 品切 | 340 |
| 168 | ミメーシスの文学と人類学 | R.ジラール／浅野敏夫訳 | | 410 |
| 169 | カバラとその象徴的表現 | G.ショーレム／岡部, 小岸訳 | | 340 |
| 170 | 身代りの山羊 | R.ジラール／織田, 富永訳 | 品切 | 384 |
| 171 | 人間〈その本性および世界における位置〉 | A.ゲーレン／平野具男訳 | 品切 | 608 |
| 172 | コミュニケーション〈ヘルメスⅠ〉 | M.セール／豊田, 青木訳 | | 358 |
| 173 | 道　化〈つまずきの現象学〉 | G.v.バルレーヴェン／片岡啓治訳 | 品切 | 260 |
| 174 | いま, ここで〈アウシュヴィッツとヒロシマ以後の哲学的考察〉 | G.ピヒト／斎藤, 浅野, 大野, 河井訳 | | 600 |
| 175<br>176<br>177 | 真理と方法〔全三冊〕 | H.-G.ガダマー／轡田, 麻生, 三島, 他訳 | | Ⅰ・350<br>Ⅱ・<br>Ⅲ・ |
| 178 | 時間と他者 | E.レヴィナス／原田佳彦訳 | | 140 |
| 179 | 構成の詩学 | B.ウスペンスキイ／川崎, 大石訳 | 品切 | 282 |
| 180 | サン=シモン主義の歴史 | S.シャルレティ／沢崎, 小杉訳 | | 528 |
| 181 | 歴史と文芸批評 | G.デルフォ, A.ロッシュ／川中子弘訳 | | 472 |
| 182 | ミケランジェロ | H.ヒバード／中山, 小野訳 | 品切 | 578 |
| 183 | 観念と物質〈思考・経済・社会〉 | M.ゴドリエ／山内昶訳 | | 340 |
| 184 | 四つ裂きの刑 | E.M.シオラン／金井裕訳 | | 234 |
| 185 | キッチュの心理学 | A.モル／万沢正美訳 | | 344 |
| 186 | 領野の漂流 | J.ヴィヤール／山下俊一訳 | | 226 |
| 187 | イデオロギーと想像力 | G.C.カバト／小箕俊介訳 | | 300 |
| 188 | 国家の起源と伝承〈古代インド社会史論〉 | R.=ターパル／山崎, 成澤訳 | | 322 |
| 189 | ベルナール師匠の秘密 | P.ガスカール／佐藤和生訳 | | 374 |
| 190 | 神の存在論的証明 | D.ヘンリッヒ／本間, 須田, 座小田, 他訳 | | 456 |
| 191 | アンチ・エコノミクス | J.アタリ, M.ギヨーム／斎藤, 安孫子訳 | | 322 |
| 192 | クローチェ政治哲学論集 | B.クローチェ／上村忠男編訳 | | 188 |
| 193 | フィヒテの根源的洞察 | D.ヘンリッヒ／座小田, 小松訳 | | 184 |
| 194 | 哲学の起源 | オルテガ・イ・ガセット／佐々木孝訳 | 品切 | 224 |
| 195 | ニュートン力学の形成 | ベー・エム・ゲッセン／秋間実, 他訳 | | 312 |
| 196 | 遊びの遊び | J.デュビニョー／渡辺淳訳 | 品切 | 160 |
| 197 | 技術時代の魂の危機 | A.ゲーレン／平野具男訳 | 品切 | 222 |
| 198 | 儀礼としての相互行為 | E.ゴッフマン／広瀬, 安江訳 | 品切 | 376 |
| 199 | 他者の記号学〈アメリカ大陸の征服〉 | T.トドロフ／及川, 大谷, 菊地訳 | | 370 |
| 200 | カント政治哲学の講義 | H.アーレント著. R.ベイナー編／浜田監訳 | | 302 |
| 201 | 人類学と文化記号論 | M.サーリンズ／山内昶訳 | | 354 |
| 202 | ロンドン散策 | F.トリスタン／小杉, 浜本訳 | | 484 |

| | | | | (頁) |
|---|---|---|---|---|
| 253 | 言語の牢獄 | F.ジェームソン／川口喬一訳 | | 292 |
| 254 | 失望と参画の現象学 | A.O.ハーシュマン／佐々木,杉田訳 | | 204 |
| 255 | はかない幸福—ルソー | T.トドロフ／及川馥訳 | | 162 |
| 256 | 大学制度の社会史 | H.W.プラール／山本尤訳 | | 408 |
| 257<br>258 | ドイツ文学の社会史（上・下） | J.ベルク,他／山本,三島,保坂,鈴木訳 | | 上・766<br>下・648 |
| 259 | アランとルソー〈教育哲学試論〉 | A.カルネック／安斎,並木訳 | | 304 |
| 260 | 都市・階級・権力 | M.カステル／石川淳志監訳 | | 296 |
| 261 | 古代ギリシア人 | M.I.フィンレー／山形和美訳 | 品切 | 296 |
| 262 | 象徴表現と解釈 | T.トドロフ／小林,及川訳 | | 244 |
| 263 | 声の回復〈回想の試み〉 | L.マラン／梶野吉郎訳 | | 246 |
| 264 | 反射概念の形成 | G.カンギレム／金森修訳 | | 304 |
| 265 | 芸術の手相 | G.ピコン／末永照和訳 | | 294 |
| 266 | エチュード〈初期認識論集〉 | G.バシュラール／及川馥訳 | | 166 |
| 267 | 邪な人々の昔の道 | R.ジラール／小池健男訳 | | 270 |
| 268 | 〈誠実〉と〈ほんもの〉 | L.トリリング／野島秀勝訳 | | 264 |
| 269 | 文の抗争 | J.-F.リオタール／陸井四郎,他訳 | | 410 |
| 270 | フランス革命と芸術 | J.スタロバンスキー／井上尭裕訳 | | 286 |
| 271 | 野生人とコンピューター | J.-M.ドムナック／古田幸男訳 | | 228 |
| 272 | 人間と自然界 | K.トマス／山内昶,他訳 | | 618 |
| 273 | 資本論をどう読むか | J.ビデ／今村仁司,他訳 | | 450 |
| 274 | 中世の旅 | N.オーラー／藤代幸一訳 | | 488 |
| 275 | 変化の言語〈治療コミュニケーションの原理〉 | P.ワツラウィック／築島謙三訳 | | 212 |
| 276 | 精神の売春としての政治 | T.クンナス／木戸,佐々木訳 | | 258 |
| 277 | スウィフト政治・宗教論集 | J.スウィフト／中野,海保訳 | | 490 |
| 278 | 現実とその分身 | C.ロセ／金井裕訳 | | 168 |
| 279 | 中世の高利貸 | J.ル・ゴッフ／渡辺香根夫訳 | | 170 |
| 280 | カルデロンの芸術 | M.コメレル／岡部仁訳 | | 270 |
| 281 | 他者の言語〈デリダの日本講演〉 | J.デリダ／高橋允昭編訳 | | 406 |
| 282 | ショーペンハウアー | R.ザフランスキー／山本尤訳 | | 646 |
| 283 | フロイトと人間の魂 | B.ベテルハイム／藤瀬恭子訳 | | 174 |
| 284 | 熱　狂〈カントの歴史批判〉 | J.-F.リオタール／中島盛夫訳 | | 210 |
| 285 | カール・カウツキー 1854-1938 | G.P.スティーンソン／時永,河野訳 | | 496 |
| 286 | 形而上学と神の思想 | W.パネンベルク／座小田,諸岡訳 | | 186 |
| 287 | ドイツ零年 | E.モラン／古田幸男訳 | | 364 |
| 288 | 物の地獄〈ルネ・ジラールと経済の論理〉 | デュムシェル，デュピュイ／織田,富永訳 | | 320 |
| 289 | ヴィーコ自叙伝 | G.ヴィーコ／福鎌忠恕訳 | 品切 | 448 |
| 290 | 写真論〈その社会的効用〉 | P.ブルデュー／山縣熙,山縣直子訳 | | 438 |
| 291 | 戦争と平和 | S.ボク／大沢正道訳 | | 224 |
| 292 | 意味と意味の発展 | R.A.ウォルドロン／築島謙三訳 | | 294 |
| 293 | 生態平和とアナーキー | U.リンゼ／内田,杉村訳 | | 270 |
| 294 | 小説の精神 | M.クンデラ／金井,浅野訳 | | 208 |
| 295 | フィヒテ-シェリング往復書簡 | W.シュルツ解説／座小田,後藤訳 | | 220 |
| 296 | 出来事と危機の社会学 | E.モラン／浜名,福井訳 | | 622 |
| 297 | 宮廷風恋愛の技術 | A.カペルラヌス／野島秀勝訳 | | 334 |
| 298 | 野蛮〈科学主義の独裁と文化の危機〉 | M.アンリ／山形,望月訳 | | 292 |
| 299 | 宿命の戦略 | J.ボードリヤール／竹原あき子訳 | | 260 |
| 300 | ヨーロッパの日記 | G.R.ホッケ／石丸,柴田,信岡訳 | | 1330 |
| 301 | 記号と夢想〈演劇と祝祭についての考察〉 | A.シモン／岩瀬孝監修．佐藤,伊藤,他訳 | | 388 |
| 302 | 手と精神 | J.ブラン／中村文郎訳 | | 284 |

| | | | | （頁） |
|---|---|---|---|---|
| 303 | 平等原理と社会主義 | L.シュタイン／石川，石塚，柴田訳 | | 676 |
| 304 | 死にゆく者の孤独 | N.エリアス／中居実訳 | | 150 |
| 305 | 知識人の黄昏 | W.シヴェルブシュ／初見基訳 | | 240 |
| 306 | トマス・ペイン〈社会思想家の生涯〉 | A.J.エイヤー／大熊昭信訳 | | 378 |
| 307 | われらのヨーロッパ | F.ヘール／杉浦健之訳 | | 614 |
| 308 | 機械状無意識〈スキゾ-分析〉 | F.ガタリ／高岡幸一訳 | | 426 |
| 309 | 聖なる真理の破壊 | H.ブルーム／山形和美訳 | | 400 |
| 310 | 諸科学の機能と人間の意義 | E.パーチ／上村忠男監訳 | | 552 |
| 311 | 翻　訳〈ヘルメスIII〉 | M.セール／豊田，輪田訳 | | 404 |
| 312 | 分　布〈ヘルメスIV〉 | M.セール／豊田彰訳 | | 440 |
| 313 | 外国人 | J.クリステヴァ／池田和子訳 | | 284 |
| 314 | マルクス | M.アンリ／杉山，水野訳 | 品切 | 612 |
| 315 | 過去からの警告 | E.シャルガフ／山本，内藤訳 | | 308 |
| 316 | 面・表面・界面〈一般表層論〉 | F.ダゴニェ／金森，今野訳 | | 338 |
| 317 | アメリカのサムライ | F.G.ノートヘルファー／飛鳥井雅道訳 | | 512 |
| 318 | 社会主義か野蛮か | C.カストリアディス／江口幹訳 | | 490 |
| 319 | 遍　歴〈法，形式，出来事〉 | J.-F.リオタール／小野康男訳 | | 200 |
| 320 | 世界としての夢 | D.ウスラー／谷　徹訳 | | 566 |
| 321 | スピノザと表現の問題 | G.ドゥルーズ／工藤，小柴，小谷訳 | | 460 |
| 322 | 裸体とはじらいの文化史 | H.P.デュル／藤代，三谷訳 | | 572 |
| 323 | 五　感〈混合体の哲学〉 | M.セール／米山親能訳 | | 582 |
| 324 | 惑星軌道論 | G.W.F.ヘーゲル／村上恭一訳 | | 250 |
| 325 | ナチズムと私の生活〈仙台からの告発〉 | K.レーヴィット／秋間実訳 | | 334 |
| 326 | ベンヤミン-ショーレム往復書簡 | G.ショーレム編／山本尤訳 | | 440 |
| 327 | イマヌエル・カント | O.ヘッフェ／藪木栄夫訳 | | 374 |
| 328 | 北西航路〈ヘルメスV〉 | M.セール／青木研二訳 | | 260 |
| 329 | 聖杯と剣 | R.アイスラー／野島秀勝訳 | | 486 |
| 330 | ユダヤ人国家 | Th.ヘルツル／佐藤康彦訳 | | 206 |
| 331 | 十七世紀イギリスの宗教と政治 | C.ヒル／小野功生訳 | | 586 |
| 332 | 方　法　2．生命の生命 | E.モラン／大津真作訳 | | 838 |
| 333 | ヴォルテール | A.J.エイヤー／中川，吉岡訳 | | 268 |
| 334 | 哲学の自食症候群 | J.ブーヴレス／大平具彦訳 | | 266 |
| 335 | 人間学批判 | レペニース，ノルテ／小竹澄栄訳 | | 214 |
| 336 | 自伝のかたち | W.C.スペンジマン／船倉正憲訳 | | 384 |
| 337 | ポストモダニズムの政治学 | L.ハッチオン／川口喬一訳 | | 332 |
| 338 | アインシュタインと科学革命 | L.S.フォイヤー／村上，成定，大谷訳 | | 474 |
| 339 | ニーチェ | G.ピヒト／青木隆嘉訳 | | 562 |
| 340 | 科学史・科学哲学研究 | G.カンギレム／金森修監訳 | | 674 |
| 341 | 貨幣の暴力 | アグリエッタ，オルレアン／井上，斉藤訳 | | 506 |
| 342 | 象徴としての円 | M.ルルカー／竹内章訳 | | 186 |
| 343 | ベルリンからエルサレムへ | G.ショーレム／岡部仁訳 | | 226 |
| 344 | 批評の批評 | T.トドロフ／及川，小林訳 | | 298 |
| 345 | ソシュール講義録注解 | F.de　ソシュール／前田英樹・訳注 | | 204 |
| 346 | 歴史とデカダンス | P.ショーニュー／大谷尚文訳 | | 552 |
| 347 | 続・いま，ここで | G.ピヒト／斎藤，大野，福島，浅野訳 | | 580 |
| 348 | バフチン以後 | D.ロッジ／伊藤誓訳 | | 410 |
| 349 | 再生の女神セドナ | H.P.デュル／原研二訳 | | 622 |
| 350 | 宗教と魔術の衰退 | K.トマス／荒木正純訳 | | 1412 |
| 351 | 神の思想と人間の自由 | W.パネンベルク／座小田，諸岡訳 | | 186 |

| | | | | (頁) |
|---|---|---|---|---|
| 352 | 倫理・政治的ディスクール | O.ヘッフェ／青木隆嘉訳 | | 312 |
| 353 | モーツァルト | N.エリアス／青木隆嘉訳 | | 198 |
| 354 | 参加と距離化 | N.エリアス／波田, 道籏訳 | | 276 |
| 355 | 二十世紀からの脱出 | E.モラン／秋枝茂夫訳 | | 384 |
| 356 | 無限の二重化 | W.メニングハウス／伊藤秀一訳 | | 350 |
| 357 | フッサール現象学の直観理論 | E.レヴィナス／佐藤, 桑野訳 | | 506 |
| 358 | 始まりの現象 | E.W.サイード／山形, 小林訳 | | 684 |
| 359 | サテュリコン | H.P.デュル／原研二訳 | | 258 |
| 360 | 芸術と疎外 | H.リード／増渕正史訳 | 品切 | 262 |
| 361 | 科学的理性批判 | K.ヒュプナー／神野, 中才, 熊谷訳 | | 476 |
| 362 | 科学と懐疑論 | J.ワトキンス／中才敏郎訳 | | 354 |
| 363 | 生きものの迷路 | A.モール, E.ロメル／古田幸男訳 | | 240 |
| 364 | 意味と力 | G.バランディエ／小関藤一郎訳 | | 406 |
| 365 | 十八世紀の文人科学者たち | W.レペニース／小川さくえ訳 | | 182 |
| 366 | 結晶と煙のあいだ | H.アトラン／阪上脩訳 | | 376 |
| 367 | 生への闘争〈闘争本能・性・意識〉 | W.J.オング／高柳, 橋爪訳 | | 326 |
| 368 | レンブラントとイタリア・ルネサンス | K.クラーク／尾崎, 芳野訳 | | 334 |
| 369 | 権力の批判 | A.ホネット／河上倫逸監訳 | | 476 |
| 370 | 失われた美学〈マルクスとアヴァンギャルド〉 | M.A.ローズ／長田, 池田, 長野, 長田訳 | | 332 |
| 371 | ディオニュソス | M.ドゥティエンヌ／及川, 吉岡訳 | | 164 |
| 372 | メディアの理論 | F.イングリス／伊藤, 磯山訳 | | 380 |
| 373 | 生き残ること | B.ベテルハイム／高尾利数訳 | | 646 |
| 374 | バイオエシックス | F.ダゴニェ／金森, 松浦訳 | | 316 |
| 375<br>376 | エディプスの謎（上・下） | N.ビショッフ／藤代, 井本, 他訳 | | 上・450<br>下・464 |
| 377 | 重大な疑問〈懐疑的省察録〉 | E.シャルガフ／山形, 小野, 他訳 | | 404 |
| 378 | 中世の食生活〈断食と宴〉 | B.A.ヘニッシュ／藤原保明訳 | 品切 | 538 |
| 379 | ポストモダン・シーン | A.クローカー, D.クック／大熊昭信訳 | | 534 |
| 380 | 夢の時〈野生と文明の境界〉 | H.P.デュル／岡部, 原, 須永, 荻野訳 | | 674 |
| 381 | 理性よ，さらば | P.ファイヤアーベント／植木哲也訳 | 品切 | 454 |
| 382 | 極限に面して | T.トドロフ／宇京頼三訳 | | 376 |
| 383 | 自然の社会化 | K.エーダー／寿福真美監訳 | | 474 |
| 384 | ある反時代的考察 | K.レーヴィット／中村啓, 永沼更始郎訳 | | 526 |
| 385 | 図書館炎上 | W.シヴェルブシュ／福本義憲訳 | | 274 |
| 386 | 騎士の時代 | F.v.ラウマー／柳井尚子訳 | | 506 |
| 387 | モンテスキュー〈その生涯と思想〉 | J.スタロバンスキー／古賀英三郎, 高橋誠訳 | | 312 |
| 388 | 理解の鋳型〈東西の思想経験〉 | J.ニーダム／井上英明訳 | | 510 |
| 389 | 風景画家レンブラント | E.ラルセン／大谷, 尾崎訳 | | 208 |
| 390 | 精神分析の系譜 | M.アンリ／山形頼洋, 他訳 | | 546 |
| 391 | 金《かね》と魔術 | H.C.ビンスヴァンガー／清水健次訳 | | 218 |
| 392 | 自然誌の終焉 | W.レペニース／山村直資訳 | | 346 |
| 393 | 批判的解釈学 | J.B.トンプソン／山本, 小川訳 | | 376 |
| 394 | 人間にはいくつの真理が必要か | R.ザフランスキー／山本, 藤井訳 | | 232 |
| 395 | 現代芸術の出発 | Y.イシャグプール／川俣晃自訳 | | 170 |
| 396 | 青春　ジュール・ヴェルヌ論 | M.セール／豊田彰訳 | | 398 |
| 397 | 偉大な世紀のモラル | P.ベニシュー／朝倉, 羽賀訳 | | 428 |
| 398 | 諸国民の時に | E.レヴィナス／合田正人訳 | | 348 |
| 399<br>400 | バベルの後に（上・下） | G.スタイナー／亀山健吉訳 | | 上・482<br>下・ |
| 401 | チュービンゲン哲学入門 | E.ブロッホ／花田監修・菅谷, 今井, 三国訳 | | 422 |

| | | | | (頁) |
|---|---|---|---|---|
| 402 | 歴史のモラル | T.トドロフ／大谷尚文訳 | | 386 |
| 403 | 不可解な秘密 | E.シャルガフ／山本，内藤訳 | | 260 |
| 404 | ルソーの世界〈あるいは近代の誕生〉 | J.-L.ルセルクル／小林浩訳 | 品切 | 378 |
| 405 | 死者の贈り物 | D.サルナーヴ／菊地，白井訳 | | 186 |
| 406 | 神もなく韻律もなく | H.P.デュル／青木隆嘉訳 | | 292 |
| 407 | 外部の消失 | A.コドレスク／利沢行夫訳 | | 276 |
| 408 | 狂気の社会史〈狂人たちの物語〉 | R.ポーター／目羅公和訳 | | 428 |
| 409 | 続・蜂の寓話 | B.マンデヴィル／泉谷治訳 | | 436 |
| 410 | 悪口を習う〈近代初期の文化論集〉 | S.グリーンブラット／磯山甚一訳 | | 354 |
| 411 | 危険を冒して書く〈異色作家たちのパリ・インタヴュー〉 | J.ワイス／浅野敏夫訳 | | 300 |
| 412 | 理論を讃えて | H.-G.ガダマー／本間，須田訳 | | 194 |
| 413 | 歴史の島々 | M.サーリンズ／山本真鳥訳 | | 306 |
| 414 | ディルタイ〈精神科学の哲学者〉 | R.A.マックリール／大野，田中，他訳 | | 578 |
| 415 | われわれのあいだで | E.レヴィナス／合田，谷口訳 | | 368 |
| 416 | ヨーロッパ人とアメリカ人 | S.ミラー／池田栄一訳 | | 358 |
| 417 | シンボルとしての樹木 | M.ルルカー／林 捷 訳 | | 276 |
| 418 | 秘めごとの文化史 | H.P.デュル／藤代，津山訳 | | 662 |
| 419 | 眼の中の死〈古代ギリシアにおける他者の像〉 | J.-P.ヴェルナン／及川，吉岡訳 | | 144 |
| 420 | 旅の思想史 | E.リード／伊藤誓訳 | | 490 |
| 421 | 病のうちなる治療薬 | J.スタロバンスキー／小池，川那部訳 | | 356 |
| 422 | 祖国地球 | E.モラン／菊地昌実訳 | | 234 |
| 423 | 寓意と表象・再現 | S.J.グリーンブラット編／船倉正憲訳 | | 384 |
| 424 | イギリスの大学 | V.H.H.グリーン／安原，成定訳 | | 516 |
| 425 | 未来批判 あるいは世界史に対する嫌悪 | E.シャルガフ／山本，伊藤訳 | | 276 |
| 426 | 見えるものと見えざるもの | メルロ=ポンティ／中島盛夫監訳 | | 618 |
| 427 | 女性と戦争 | J.B.エルシュテイン／小林，廣川訳 | | 486 |
| 428 | カント入門講義 | H.バウムガルトナー／有福孝岳監訳 | | 204 |
| 429 | ソクラテス裁判 | I.F.ストーン／永田康昭訳 | | 470 |
| 430 | 忘我の告白 | M.ブーバー／田口義弘訳 | | 348 |
| 431<br>432 | 時代おくれの人間（上・下） | G.アンダース／青木隆嘉訳 | | 上・432<br>下・546 |
| 433 | 現象学と形而上学 | J.-L.マリオン他編／三上，重永，檜垣訳 | | 388 |
| 434 | 祝福から暴力へ | M.ブロック／田辺，秋津訳 | | 426 |
| 435 | 精神分析と横断性 | F.ガタリ／杉村，毬藻訳 | | 462 |
| 436 | 競争社会をこえて | A.コーン／山本，真水訳 | | 530 |
| 437 | ダイアローグの思想 | M.ホルクウィスト／伊藤誓訳 | | 370 |
| 438 | 社会学とは何か | N.エリアス／徳安彰訳 | | 250 |
| 439 | E.T.A.ホフマン | R.ザフランスキー／識名章喜訳 | | 636 |
| 440 | 所有の歴史 | J.アタリ／山内昶訳 | | 580 |
| 441 | 男性同盟と母権制神話 | N.ゾンバルト／田村和彦訳 | | 516 |
| 442 | ヘーゲル以後の歴史哲学 | H.シュネーデルバッハ／古東哲明訳 | | 282 |
| 443 | 同時代人ベンヤミン | H.マイヤー／岡部仁訳 | | 140 |
| 444 | アステカ帝国滅亡記 | G.ボド，T.トドロフ編／大谷，菊地訳 | | 662 |
| 445 | 迷宮の岐路 | C.カストリアディス／宇京頼三訳 | | 404 |
| 446 | 意識と自然 | K.K.チョウ／志水，山本監訳 | | 422 |
| 447 | 政治的正義 | O.ヘッフェ／北尾，平石，望月訳 | | 598 |
| 448 | 象徴と社会 | K.バーク著，ガスフィールド編／森常治訳 | | 580 |
| 449 | 神・死・時間 | E.レヴィナス／合田正人訳 | | 360 |
| 450 | ローマの祭 | G.デュメジル／大橋寿美子訳 | | 446 |

| | | | (頁) |
|---|---|---|---|
| 451 | エコロジーの新秩序 | L.フェリ／加藤宏幸訳 | 274 |
| 452 | 想念が社会を創る | C.カストリアディス／江口幹訳 | 392 |
| 453 | ウィトゲンシュタイン評伝 | B.マクギネス／藤本,今井,宇都宮,髙橋訳 | 612 |
| 454 | 読みの快楽 | R.オールター／山形,中田,田中訳 | 346 |
| 455 | 理性・真理・歴史〈内在的実在論の展開〉 | H.パトナム／野本和幸,他訳 | 360 |
| 456 | 自然の諸時期 | ビュフォン／菅谷暁訳 | 440 |
| 457 | クロポトキン伝 | ピルーモヴァ／左近毅訳 | 384 |
| 458 | 征服の修辞学 | P.ヒューム／岩尾,正木,本橋訳 | 492 |
| 459 | 初期ギリシア科学 | G.E.R.ロイド／山野,山口訳 | 246 |
| 460 | 政治と精神分析 | G.ドゥルーズ,F.ガタリ／杉村昌昭訳 | 124 |
| 461 | 自然契約 | M.セール／及川,米山訳 | 230 |
| 462 | 細分化された世界〈迷宮の岐路III〉 | C.カストリアディス／宇京頼三訳 | 332 |
| 463 | ユートピア的なもの | L.マラン／梶野吉郎訳 | 420 |
| 464 | 恋愛礼讃 | M.ヴァレンシー／沓掛,川端訳 | 496 |
| 465 | 転換期〈ドイツ人とドイツ〉 | H.マイヤー／宇京早苗訳 | 466 |
| 466 | テクストのぶどう畑で | I.イリイチ／岡部佳世訳 | 258 |
| 467 | フロイトを読む | P.ゲイ／坂口,大島訳 | 304 |
| 468 | 神々を作る機械 | S.モスコヴィッシ／古田幸男訳 | 750 |
| 469 | ロマン主義と表現主義 | A.K.ウィードマン／大森淳史訳 | 378 |
| 470 | 宗教論 | N.ルーマン／土方昭,土方透訳 | 138 |
| 471 | 人格の成層論 | E.ロータッカー／北村監訳・大久保,他訳 | 278 |
| 472 | 神　罰 | C.v.リンネ／小川さくえ訳 | 432 |
| 473 | エデンの園の言語 | M.オランデール／浜﨑設夫訳 | 338 |
| 474 | フランスの自伝〈自伝文学の主題と構造〉 | P.ルジュンヌ／小倉孝誠訳 | 342 |
| 475 | ハイデガーとヘブライの遺産 | M.ザラデル／合田正人訳 | 390 |
| 476 | 真の存在 | G.スタイナー／工藤政司訳 | 266 |
| 477 | 言語芸術・言語記号・言語の時間 | R.ヤコブソン／浅川順子訳 | 388 |
| 478 | エクリール | C.ルフォール／宇京頼三訳 | 420 |
| 479 | シェイクスピアにおける交渉 | S.J.グリーンブラット／酒井正志訳 | 334 |
| 480 | 世界・テキスト・批評家 | E.W.サイード／山形和美訳 | 584 |
| 481 | 絵画を見るディドロ | J.スタロバンスキー／小西嘉幸訳 | 148 |
| 482 | ギボン〈歴史を創る〉 | R.ポーター／中野,海保,松原訳 | 272 |
| 483 | 欺瞞の書 | E.M.シオラン／金井裕訳 | 252 |
| 484 | マルティン・ハイデガー | H.エーベリング／青木隆嘉訳 | 252 |
| 485 | カフカとカバラ | K.E.グレーツィンガー／清水健次訳 | 390 |
| 486 | 近代哲学の精神 | H.ハイムゼート／座小田豊,他訳 | 448 |
| 487 | ベアトリーチェの身体 | R.P.ハリスン／船倉正憲訳 | 304 |
| 488 | 技術〈クリティカル・セオリー〉 | A.フィーンバーグ／藤本正文訳 | 510 |
| 489 | 認識論のメタクリティーク | Th.W.アドルノ／古賀,細見訳 | 370 |
| 490 | 地獄の歴史 | A.K.ターナー／野﨑嘉信訳 | 456 |
| 491 | 昔話と伝説〈物語文学の二つの基本形式〉 | M.リューティ／高木昌史,万里子訳　品切 | 362 |
| 492 | スポーツと文明化〈興奮の探究〉 | N.エリアス,E.ダニング／大平章訳 | 490 |
| 493<br>494 | 地獄のマキアヴェッリ（I・II） | S.de.グラツィア／田中治男訳 | I・352<br>II・306 |
| 495 | 古代ローマの恋愛詩 | P.ヴェーヌ／鎌田博夫訳 | 352 |
| 496 | 証人〈言葉と科学についての省察〉 | E.シャルガフ／山本,内藤訳 | 252 |
| 497 | 自由とはなにか | P.ショーニュ／西川,小田桐訳 | 472 |
| 498 | 現代世界を読む | M.マフェゾリ／菊地昌実訳 | 186 |
| 499 | 時間を読む | M.ピカール／寺田光徳訳 | 266 |
| 500 | 大いなる体系 | N.フライ／伊藤誓訳 | 478 |

| | | | （頁） |
|---|---|---|---|
| 501 | 音楽のはじめ | C.シュトゥンプ／結城錦一訳 | 208 |
| 502 | 反ニーチェ | L.フェリー他／遠藤文彦訳 | 348 |
| 503 | マルクスの哲学 | E.バリバール／杉山吉弘訳 | 222 |
| 504 | サルトル，最後の哲学者 | A.ルノー／水野浩二訳 | 296 |
| 505 | 新不平等起源論 | A.テスタール／山内昶訳 | 298 |
| 506 | 敗者の祈禱書 | シオラン／金井裕訳 | 184 |
| 507 | エリアス・カネッティ | Y.イシャグプール／川俣晃自訳 | 318 |
| 508 | 第三帝国下の科学 | J.オルフ＝ナータン／宇京頼三訳 | 424 |
| 509 | 正も否も縦横に | H.アトラン／寺田光徳訳 | 644 |
| 510 | ユダヤ人とドイツ | E.トラヴェルソ／宇京頼三訳 | 322 |
| 511 | 政治的風景 | M.ヴァルンケ／福本義憲訳 | 202 |
| 512 | 聖句の彼方 | E.レヴィナス／合田正人訳 | 350 |
| 513 | 古代憧憬と機械信仰 | H.ブレーデカンプ／藤代，津山訳 | 230 |
| 514 | 旅のはじめに | D.トリリング／野島秀勝訳 | 602 |
| 515 | ドゥルーズの哲学 | M.ハート／田代，井上，浅野，暮沢訳 | 294 |
| 516 | 民族主義・植民地主義と文学 | T.イーグルトン他／増渕，安藤，大友訳 | 198 |
| 517 | 個人について | P.ヴェーヌ他／大谷尚文訳 | 194 |
| 518 | 大衆の装飾 | S.クラカウアー／船戸，野村訳 | 350 |
| 519<br>520 | シベリアと流刑制度（I・II） | G.ケナン／左近毅訳 | I・632<br>II・642 |
| 521 | 中国とキリスト教 | J.ジェルネ／鎌田博夫訳 | 396 |
| 522 | 実存の発見 | E.レヴィナス／佐藤真理人，他訳 | 480 |
| 523 | 哲学的認識のために | G.-G.グランジェ／植木哲也訳 | 342 |
| 524 | ゲーテ時代の生活と日常 | P.ラーンシュタイン／上西川原章訳 | 832 |
| 525 | ノッツ nOts | M.C.テイラー／浅野敏夫訳 | 480 |
| 526 | 法の現象学 | A.コジェーヴ／今村，堅田訳 | 768 |
| 527 | 始まりの喪失 | B.シュトラウス／青木隆嘉訳 | 196 |
| 528 | 重　合 | ベーネ，ドゥルーズ／江口修訳 | 170 |
| 529 | イングランド18世紀の社会 | R.ポーター／目羅公和訳 | 630 |
| 530 | 他者のような自己自身 | P.リクール／久米博訳 | 558 |
| 531 | 鷲と蛇〈シンボルとしての動物〉 | M.ルルカー／林捷訳 | 270 |
| 532 | マルクス主義と人類学 | M.ブロック／山内昶，山内彰訳 | 256 |
| 533 | 両性具有 | M.セール／及川馥訳 | 218 |
| 534 | ハイデガー〈ドイツの生んだ巨匠とその時代〉 | R.ザフランスキー／山本尤訳 | 696 |
| 535 | 啓蒙思想の背任 | J.-C.ギユボー／菊地，白井訳 | 218 |
| 536 | 解明　M.セールの世界 | M.セール／梶野，竹中訳 | 334 |
| 537 | 語りは罠 | L.マラン／鎌田博夫訳 | 176 |
| 538 | 歴史のエクリチュール | M.セルトー／佐藤和生訳 | 542 |
| 539 | 大学とは何か | J.ペリカン／田口孝夫訳 | 374 |
| 540 | ローマ　定礎の書 | M.セール／高尾謙史訳 | 472 |
| 541 | 啓示とは何か〈あらゆる啓示批判の試み〉 | J.G.フィヒテ／北岡武司訳 | 252 |
| 542 | 力の場〈思想史と文化批判のあいだ〉 | M.ジェイ／今井道夫，他訳 | 382 |
| 543 | イメージの哲学 | F.ダゴニェ／水野浩二訳 | 410 |
| 544 | 精神と記号 | F.ガタリ／杉村昌昭訳 | 180 |
| 545 | 時間について | N.エリアス／井本，青木訳 | 238 |
| 546 | ルクレティウスのテキストにおける物理学の誕生 | M.セール／豊田彰訳 | 320 |
| 547 | 異端カタリ派の哲学 | R.ネッリ／柴田和雄訳 | 290 |
| 548 | ドイツ人論 | N.エリアス／青木隆嘉訳 | 576 |
| 549 | 俳　優 | J.デュヴィニョー／渡辺淳訳 | 346 |

| | | | (頁) |
|---|---|---|---|
| 550 | ハイデガーと実践哲学 | O.ペゲラー他,編／竹市,下村監訳 | 584 |
| 551 | 彫　像 | M.セール／米山親能訳 | 366 |
| 552 | 人間的なるものの庭 | C.F.v.ヴァイツゼカー／山辺建訳 | |
| 553 | 思考の図像学 | A.フレッチャー／伊藤誓訳 | 472 |
| 554 | 反動のレトリック | A.O.ハーシュマン／岩崎稔訳 | 250 |
| 555 | 暴力と差異 | A.J.マッケナ／夏目博明訳 | 354 |
| 556 | ルイス・キャロル | J.ガッテニョ／鈴木晶訳 | 462 |
| 557 | タオスのロレンゾー〈D.H.ロレンス回想〉 | M.D.ルーハン／野島秀勝訳 | 490 |
| 558 | エル・シッド〈中世スペインの英雄〉 | R.フレッチャー／林邦夫訳 | 414 |
| 559 | ロゴスとことば | S.プリケット／小野功生訳 | 486 |
| 560<br>561 | 盗まれた稲妻〈呪術の社会学〉(上・下) | D.L.オキーフ／谷林眞理子,他訳 | 上・490<br>下・656 |
| 562 | リビドー経済 | J.-F.リオタール／杉山,吉谷訳 | 458 |
| 563 | ポスト・モダニティの社会学 | S.ラッシュ／田中義久監訳 | 462 |
| 564 | 狂暴なる霊長類 | J.A.リヴィングストン／大平章訳 | 310 |
| 565 | 世紀末社会主義 | M.ジェイ／今村,大谷訳 | 334 |
| 566 | 両性平等論 | F.P.de ラ・バール／佐藤和夫,他訳 | 330 |
| 567 | 暴虐と忘却 | R.ボイヤーズ／田部井孝次・世志子訳 | 524 |
| 568 | 異端の思想 | G.アンダース／青木隆嘉訳 | 518 |
| 569 | 秘密と公開 | S.ボク／大沢正道訳 | 470 |
| 570<br>571 | 大航海時代の東南アジア (I・II) | A.リード／平野,田中訳 | I・430<br>II・ |
| 572 | 批判理論の系譜学 | N.ボルツ／山本,大貫訳 | 332 |
| 573 | メルヘンへの誘い | M.リューティ／高木昌史訳 | 200 |
| 574 | 性と暴力の文化史 | H.P.デュル／藤代,津山訳 | 768 |
| 575 | 歴史の不測 | E.レヴィナス／合田,谷口訳 | 316 |
| 576 | 理論の意味作用 | T.イーグルトン／山形和美訳 | 196 |
| 577 | 小集団の時代〈大衆社会における個人主義の衰退〉 | M.マフェゾリ／古田幸男訳 | 334 |
| 578<br>579 | 愛の文化史 (上・下) | S.カーン／青木,斎藤訳 | 上・334<br>下・384 |
| 580 | 文化の擁護〈1935年パリ国際作家大会〉 | ジッド他／相磯,五十嵐,石黒,高橋編訳 | 752 |
| 581 | 生きられる哲学〈生活世界の現象学と批判理論の思考形式〉 | F.フェルマン／堀栄造訳 | 282 |
| 582 | 十七世紀イギリスの急進主義と文学 | C.ヒル／小野,圓月訳 | 444 |
| 583 | このようなことが起こり始めたら… | R.ジラール／小池,住谷訳 | 226 |
| 584 | 記号学の基礎理論 | J.ディーリー／大熊昭信訳 | 286 |
| 585 | 真理と美 | S.チャンドラセカール／豊田彰訳 | 328 |
| 586 | シオラン対談集 | E.M.シオラン／金井裕訳 | 336 |
| 587 | 時間と社会理論 | B.アダム／伊藤,磯山訳 | 338 |
| 588 | 懐疑的省察 ABC〈続・重大な疑問〉 | E.シャルガフ／山本,伊藤訳 | 244 |
| 589 | 第三の知恵 | M.セール／及川馥訳 | 250 |
| 590<br>591 | 絵画における真理 (上・下) | J.デリダ／高橋,阿部訳 | 上・322<br>下・390 |
| 592 | ウィトゲンシュタインと宗教 | N.マルカム／黒崎宏訳 | 256 |
| 593 | シオラン〈あるいは最後の人間〉 | S.ジョドー／金井裕訳 | 212 |
| 594 | フランスの悲劇 | T.トドロフ／大谷尚文訳 | 304 |
| 595 | 人間の生の遺産 | E.シャルガフ／清水健次,他訳 | 392 |
| 596 | 聖なる快楽〈性,神話,身体の政治〉 | R.アイスラー／浅野敏夫訳 | 876 |
| 597 | 原子と爆弾とエスキモーキス | C.G.セグレー／野島秀勝訳 | 408 |
| 598 | 海からの花嫁〈ギリシア神話研究の手引き〉 | J.シャーウッドスミス／吉田,佐藤訳 | 234 |
| 599 | 神に代わる人間 | L.フェリー／菊地,白井訳 | 220 |
| 600 | パンと競技場〈ギリシア・ローマ時代の政治と都市の社会学的歴史〉 | P.ヴェーヌ／鎌田博夫訳 | 1032 |

| | | | （頁） |
|---|---|---|---|
| 601 | ギリシア文学概説 | J.ド・ロミイ／細井，秋山訳 | 486 |
| 602 | パロールの奪取 | M.セルトー／佐藤和生訳 | 200 |
| 603 | 68年の思想 | L.フェリー他／小野潮訳 | 348 |
| 604 | ロマン主義のレトリック | P.ド・マン／山形，岩坪訳 | 470 |
| 605 | 探偵小説あるいはモデルニテ | J.デュボア／鈴木智之訳 | 380 |
| 606<br>607<br>608 | 近代の正統性〔全三冊〕 | H.ブルーメンベルク／斎藤，忽那<br>佐藤，村井訳 | I・328<br>II・<br>III・ |
| 609 | 危険社会〈新しい近代への道〉 | U.ベック／東，伊藤訳 | 502 |
| 610 | エコロジーの道 | E.ゴールドスミス／大熊昭信訳 | 654 |
| 611 | 人間の領域〈迷宮の岐路II〉 | C.カストリアディス／米山親能訳 | 626 |
| 612 | 戸外で朝食を | H.P.デュル／藤代幸一訳 | 190 |
| 613 | 世界なき人間 | G.アンダース／青木隆嘉訳 | 366 |
| 614 | 唯物論シェイクスピア | F.ジェイムソン／川口喬一訳 | 402 |
| 615 | 核時代のヘーゲル哲学 | H.クロンバッハ／植木哲也訳 | 380 |
| 616 | 詩におけるルネ・シャール | P.ヴェーヌ／西永良成訳 | 832 |
| 617 | 近世の形而上学 | H.ハイムゼート／北岡武司訳 | 506 |
| 618 | フロベールのエジプト | G.フロベール／斎藤昌三訳 | 344 |
| 619 | シンボル・技術・言語 | E.カッシーラー／篠木，高野訳 | 352 |
| 620 | 十七世紀イギリスの民衆と思想 | C.ヒル／小野，圓月，箭川訳 | 520 |
| 621 | ドイツ政治哲学史 | H.リュッベ／今井道夫訳 | 312 |
| 622 | 最終解決〈民族移動とヨーロッパのユダヤ人殺害〉 | G.アリー／山本，三島訳 | 470 |
| 623 | 中世の人間 | J.ル・ゴフ他／鎌田博夫訳 | 478 |
| 624 | 食べられる言葉 | L.マラン／梶野吉郎訳 | 284 |
| 625 | ヘーゲル伝〈哲学の英雄時代〉 | H.アルトハウス／山本尤訳 | 690 |
| 626 | E.モラン自伝 | E.モラン／菊地，高砂訳 | 368 |
| 627 | 見えないものを見る | M.アンリ／青木研二訳 | 248 |
| 628 | マーラー〈音楽観相学〉 | Th.W.アドルノ／龍村あや子訳 | 286 |
| 629 | 共同生活 | T.トドロフ／大谷尚文訳 | 236 |
| 630 | エロイーズとアベラール | M.F.B.ブロッチェリ／白崎容子訳 | |
| 631 | 意味を見失った時代〈迷宮の岐路IV〉 | C.カストリアディス／江口幹訳 | 338 |
| 632 | 火と文明化 | J.ハウツブロム／大平章訳 | 356 |
| 633 | ダーウィン，マルクス，ヴァーグナー | J.バーザン／野島秀勝訳 | 526 |
| 634 | 地位と羞恥 | S.ネッケル／岡原正幸訳 | 434 |
| 635 | 無垢の誘惑 | P.ブリュックネール／小倉，下澤訳 | 350 |
| 636 | ラカンの思想 | M.ボルク=ヤコブセン／池田清訳 | 500 |
| 637 | 羨望の炎〈シェイクスピアと欲望の劇場〉 | R.ジラール／小林，田口訳 | 698 |
| 638 | 暁のフクロウ〈続・精神の現象学〉 | A.カトロッフェロ／寿福真美訳 | 354 |
| 639 | アーレント＝マッカーシー往復書簡 | C.ブライトマン編／佐藤佐智子訳 | 710 |
| 640 | 崇高とは何か | M.ドゥギー他／梅木達郎訳 | 416 |
| 641 | 世界という実験〈問い，取り出しの諸カテゴリー，実践〉 | E.ブロッホ／小田智敏訳 | 400 |
| 642 | 悪　あるいは自由のドラマ | R.ザフランスキー／山本尤訳 | 322 |
| 643 | 世俗の聖典〈ロマンスの構造〉 | N.フライ／中村，真野訳 | 252 |
| 644 | 歴史と記憶 | J.ル・ゴフ／立川孝一訳 | 400 |
| 645 | 自我の記号論 | N.ワイリー／船倉正憲訳 | 468 |
| 646 | ニュー・ミメーシス〈シェイクスピアと現実描写〉 | A.D.ナトール／山形，山下訳 | 430 |
| 647 | 歴史家の歩み〈アリエス　1943-1983〉 | Ph.アリエス／成瀬，伊藤訳 | 428 |
| 648 | 啓蒙の民主制理論〈カントとのつながりで〉 | I.マウス／浜田，牧野監訳 | 400 |
| 649 | 仮象小史〈古代からコンピューター時代まで〉 | N.ボルツ／山本尤訳 | 200 |

| | | | (頁) |
|---|---|---|---|
| 650 | 知の全体史 | C.V.ドーレン／石塚浩司訳 | 766 |
| 651 | 法の力 | J.デリダ／堅田研一訳 | 220 |
| 652 653 | 男たちの妄想（I・II） | K.テーヴェライト／田村和彦訳 | I・816 II |
| 654 | 十七世紀イギリスの文書と革命 | C.ヒル／小野，圓月，箭川訳 | 592 |
| 655 | パウル・ツェラーンの場所 | H.ベッティガー／鈴木美紀訳 | 176 |
| 656 | 絵画を破壊する | L.マラン／尾形，梶野訳 | 272 |
| 657 | グーテンベルク銀河系の終焉 | N.ボルツ／識名，足立訳 | 330 |
| 658 | 批評の地勢図 | J.ヒリス・ミラー／森田孟訳 | 550 |
| 659 | 政治的なものの変貌 | M.マフェゾリ／古田幸男訳 | 290 |
| 660 | 神話の真理 | K.ヒュプナー／神野，中才，他訳 | 736 |
| 661 | 廃墟のなかの大学 | B.リーディングズ／青木，斎藤訳 | 354 |
| 662 | 後期ギリシア科学 | G.E.R.ロイド／山野，山口，金山訳 | 320 |
| 663 | ベンヤミンの現在 | N.ボルツ，W.レイイェン／岡部仁訳 | 180 |
| 664 | 異教入門〈中心なき周辺を求めて〉 | J.-F.リオタール／山縣，小野，他訳 | 242 |
| 665 | ル・ゴフ自伝〈歴史家の生活〉 | J.ル・ゴフ／鎌田博夫訳 | 290 |
| 666 | 方　法　3. 認識の認識 | E.モラン／大津真作訳 | 398 |
| 667 | 遊びとしての読書 | M.ピカール／及川，内藤訳 | 478 |
| 668 | 身体の哲学と現象学 | M.アンリ／中敬夫訳 | 404 |
| 669 | ホモ・エステティクス | L.フェリー／小野康男，他訳 | |
| 670 | イスラームにおける女性とジェンダー | L.アハメド／林正雄，他訳 | 422 |
| 671 | ロマン派の手紙 | K.H.ボーラー／高木葉子訳 | 382 |
| 672 | 精霊と芸術 | M.マール／津山拓也訳 | 474 |
| 673 | 言葉への情熱 | G.スタイナー／伊藤誓訳 | 612 |
| 674 | 贈与の謎 | M.ゴドリエ／山内昶訳 | 362 |
| 675 | 諸個人の社会 | N.エリアス／宇京早苗訳 | |
| 676 | 労働社会の終焉 | D.メーダ／若森章孝，他訳 | 394 |
| 677 | 概念・時間・言説 | A.コジェーヴ／三宅，根田，安川訳 | |
| 678 | 史的唯物論の再構成 | U.ハーバーマス／清水多吉訳 | |
| 679 | カオスとシミュレーション | N.ボルツ／山本尤訳 | 218 |
| 680 | 実質的現象学 | M.アンリ／中，野村，吉永訳 | 268 |
| 681 | 生殖と世代継承 | R.フォックス／平野秀秋訳 | 408 |
| 682 | 反抗する文学 | M.エドマンドソン／浅野敏夫訳 | 406 |
| 683 | 哲学を讃えて | M.セール／米山親能，他訳 | 312 |
| 684 | 人間・文化・社会 | H.シャピロ編／塚本利明，他訳 | |
| 685 | 遍歴時代〈精神の自伝〉 | J.アメリー／富重純子訳 | 206 |
| 686 | ノーを言う難しさ〈宗教哲学的エッセイ〉 | K.ハインリッヒ／小林敏明訳 | 200 |
| 687 | シンボルのメッセージ | M.ルルカー／林捷，林田鶴子訳 | |
| 688 | 神は狂信的か？ | J.ダニエル／菊地昌実訳 | |
| 689 | セルバンテス | J.カナヴァジオ／円子千代訳 | |
| 690 | マイスター・エックハルト | B.ヴェルテ／下津留直訳 | |
| 691 | ドイツ物理学のディレンマ | J.L.ハイルブロン／村岡晋一訳 | |